The Constitution of the Republic of the Philippines

日本語で読む

フィリピン憲法

主要条約・協定付き

訳・解説　日刊まにら新聞
石山永一郎

柘植書房新社

目次

前書き

フィリピンと憲法について、まずは歴史をおさらいする。

比で最初に作られた憲法は1899年1月21日、スペインからの独立革命中にブラカン州マロロスで宣言されたマロロス憲法だった。アギナルドを初代大統領として98年6月12日に独立が宣言されてから約7カ月後で、憲法の原案作成者は初代首相のアポリナリオ・マビニだった。「正義を確立し、共同防衛を提供し、一般福祉を促進し、自由の利益を保証するために、私たちフィリピン人の代表は、これらの達成のために世界の主権国家の支援を求める」との前文では独立宣言に対する世界各国の支援を求め、統治制度としては議会制民主主義や人権規定を設けた当時としては先進的な内容だった。アジアで最初に書かれた国民主権の民主主義憲法とも言われている。

しかし、独立革命はスペインに代わって宗主国となった米国との米比戦争に敗れて成就せず、マロロス憲法も幻に終わった。

比が米統治下に置かれた後は1902年にフィリピン組織法（クーパー法）が制定され、選挙によるフィリピン議会が設置された。16年にはフィリピン自治法が制定され、35年には米大統領の承認の下、憲法（35年年憲法）が成立した。

日本占領下の43年にも憲法が作られたが、46年7月の独立時には35年憲法に復帰した。その後、マルコス政権による戒厳令下の72年11月に新憲法が承認され、73年1月から施行された（73年憲法）。

そして、現在のフィリピン憲法（87年憲法）が1986年2月のアキノ政変後に誕生する。政変直後から作成準備が始まり、セシリア・ムニョスパルマ元最高裁判事を委員長とした憲法起草委員会によって86年10月12日に新憲法案が完成、15日に憲法起草委員会で新憲法案は可決された。さらに87年2月2日の国民投票で過半数の賛成を得て承認（批准）され、正式な比憲法となって現在に至っている。

87年憲法の内容全体を読んでまず感じるのは、マルコス独裁政権を市民による無血革命によって倒した直後に作られただけあって、人権や汚職防止をめぐる新規定や新機関創設などが非常に細かく書かれている。人権弾圧、大統領による莫大な不正蓄財、政府職員による汚職、取り巻き優遇政治などマルコス時代に横行していた悪行の記憶を一つひとつ振り返りつつ、そういうことが起こらないようにするための禁止規定で溢れている。その意味で87年憲法は反マルコス独裁憲法という色合いが濃くにじみ出ている。

また、「核兵器からの解放の方針」（2条8項）を定めていること、戦力不保持の規定はないが「国家政策の手段としての戦争放棄」（2条2項）を定めている点などは、日本国憲法にも共通する平和憲法の性格をも持っているといえよう。特に「核兵器からの解放」

を記載している憲法は世界でも珍しい。

87年憲法では、マルコス政権が戒厳令下で定めた73年憲法では、1院制の国民議会に統一された議会が、上下両院の2院制として復活した。35年憲法でも国民議会のみの1院制だったが、40年の改正で上下両院制となり、太平洋戦争直前の41年11月に最初の上下両院選が行われている。この制度は46年の独立後も維持されていたが、マルコス政権による戒厳令下の73年憲法で再び1院の国民議会に戻されていた。

また、情報公開に関しては各条で触れており、非常に先進的な印象がある。

87年憲法の中であえて、やや保守的と思われる条項を挙げるとすれば、家族について規定した第15条かもしれない。年長者を敬い、年老いた親の面倒をみることが現在でもフィリピン人は当然のことと考えている社会背景に基づく規定といえるが、「国は家族を国の基盤として認める。家族の連帯を強化し、積極的に家族の全体的発展を促進する」（15条1項）などは、日本など核家族化が進む先進国では、法律でこう定めるとなれば、アナクロニズムという批判も出てきそうだ。「家族には高齢者の世話をする義務があるが、国も社会保障プログラムを通じて面倒をみる」（15条4項）などは、国も「面倒をみる」としつつ、高齢者の介護などは一義的には家族に負わせている。将来、比でも高齢化や核家族化が進んだ場合、この条項は論議を呼ぶ可能性もありそうだ。

また、国を相手取った国家賠償訴訟を国民に認めていない点（第16条3項）も、全体的には先進的な内容の憲法の中では、国権優先の後進的な規定と思える。

87年憲法全体を読んで感じるもう一つの特徴は、これは訳者の読解力不足にも起因しているが、条文によっては構文が非常に複雑で読み解きにくい点だ。14条3項では「すべての教育機関は、カリキュラムの一部として憲法の学習を含めるものとする」と定めているが、比人でも少なくとも大学生以上でないと完全な理解は難しいと思われる構文、内容も多い。分かりやすさという点では難も感じる。

さらに下級法で別に制定すればいいように思われる内容を憲法本文に盛り込んでいる点も特徴だ。憲法にここまで細かく書かなくても、と思う条項も多く、過去の憲法に比べると分量が非常に長くなっている。35年憲法が８４５９語、73年憲法が１万２８７５語だったのに対し、87年憲法は２万１６６１語に及んでいる。

ただ、憲法がそれだけ長い分、外国人にとっても、この憲法だけ読めば、この国の仕組みの大枠と基本的な法の枠組みを理解できるとも言える。日本国憲法のような原理原則だけでなく「何でも書いてある」憲法なのだ。比で暮らす人、ビジネスをする人、比について研究、執筆する人々にとっての基本教養文献でもあるともいえるだろう。

翻訳文では、できるだけ分かりやすくすることに努め、省いても内容が十分伝わる語を訳出しなかったり、日本語を一部補ったりした。内容を詳細に点検したい場合は、英語の原文を参照願いたい。ただ、英語の原文は条項によってはラテン語やスペイン語が登場し、構文も複雑で、フィリピン人の法律家でさえ「うーん」と腕を組んで考え込むような個所もある。

本書の末尾にはフィリピンと米国間で結ばれている比米相互防衛条約、訪問米軍地位協定、防衛協力強化協定の3条約・協定も解説とともに加えた。これはフィリピンにとって最も重要の意味を持つ軍事条約・協定であるにとどまらず、日米安全保障条約や日米地位協定の問題を考えるにあたっても示唆に富む内容と考えたゆえである。

本書は2020年4月から6月にかけて「日刊まにら新聞」の連載企画として10週にわたって訳出して連載した内容に加筆、一部修正した。校正段階などで、私の誤りを数多く発見してくれたまにら新聞の同僚にまず感謝したい。特に岡本浩志さんには本書全体の校閲でお世話になった

出版にあたっては、フィリピン人弁護士で日本に留学、東北大法学部を卒業したジョスエ・ズニエダ氏に、翻訳上の疑問点を多数、解明していただいた。装幀・レイアウトは中西晴江さんにきれいに仕上げていただいた。二人にも御礼を伝えたい。

本書は日本とフィリピンで同時発行となった。その労を執ってくれた柘植書房新社の上浦英俊社長にも感謝している。

本書が日本人のフィリピン理解の一助になればと願っている。

フィリピン共和国憲法（1987年2月2日承認）全訳

前　文

私たち主権者であるフィリピン人は、全能の神の助けを求めつつ、公正で人道的な社会を構築し、私たちの理想と願望を具現化し、共通の善を促進し、私たちの愛国心を守り発展させ、自分自身を守るために政府を樹立する。私たちの子孫が、法の支配と真実、正義、自由、愛、平等、平和の体制の下での独立と民主主義の祝福を受けるためにこの憲法を定め、公布する。

第1条　国土

国の領土はフィリピン諸島で構成されており、すべての島と水域が比の領土に包含されており、そこにおいて比は主権または管轄権を有する。主権ま

【逐条一口解説】

前文
前文では「愛国心を守り発展させ」とある。日本では「愛国心」という言葉自体が政治的な問題になる場合があるが、長年にわたり植民地支配を受けた歴史を持つフィリピンではまったく問題にならず、本憲法にも数多く出て来る言葉だ。それは植民地支配と戦った「ナショナリズム」とセットでしばしば条文に現れる。

第1条　国土
現在の国際法や海洋法に基づく定義となっている。

たは管轄権はその領海、海底、下層土、群島の陸棚、および他の海底エリアを含む。群島の島々の周囲、その間、およびそれらに接続する水域は、その幅や大きさに関係なく、フィリピンの内部水域の一部を形成する。

第2条　原則と国家政策の宣言

第1項　比は民主的な共和国国家である。主権は人々にあり、すべての政府当局の権限は主権者から発せられる。

第2項　比は国家政策の手段としての戦争を放棄し、土地法など国際法一般に受け入れられている原則を採用し、すべての人との平和、平等、正義、自由、協力、および友好の方針を堅持する。

第3項　民間人の権限は、常に軍を上回り、最高位に位置する。比の軍は国民と国家の保護者であり、その目標は、国家の主権と領土の完全性を確保することにある。

第2条　第2項

「国家政策の手段としての戦争を放棄」を定めている国は日本以外ではイタリア、エクアドル、ハンガリーなど数少なく比憲法の規定は珍しい。

ただし2条3項では「比の軍は国民と国家の保護者であり、その目標は国家の主権と領土の安全性を確保すること」としており、日本国憲法のように戦力不保持はうたっていない。むしろ他の条項でも軍の地位については詳細に定めている。比の「戦争放棄」は侵略戦争や紛争解決手段のための戦争は放棄するが、国土侵略に対する自衛のための戦争は否定していないと解釈できる。6条23項には「議会は、別々に投票する合同議会で、それぞれの院の3分の2の票を得た場合は、戦争状態の存在を宣言する唯一の機能を有する」とある。

第4項　政府の主な義務は、人々に奉仕し、保護することである。政府は国民に国を守るよう呼びかけることができ、その履行においては、法律で定められた条件の下で、すべての市民に軍事または公務を行うことを要求する場合がある。

第5項　平和と秩序の維持、生命、自由、財産の保護、および福祉全般の促進は、民主主義の祝福をすべての人々が享受するために不可欠である。

第6項　宗教と国家の分離は不可侵でなければならない。

第7項　国は独立した外交政策を追求するものとする。他の国との関係において、最も重要な考慮事項は、国家主権、領土保全、国益、および自己決定権である。

第8項　比は、国益と一致するものとして、その領域における核兵器からの解放の方針を採用し、追求する。

第9項　国は、適切な社会サービスを提供し、完全雇用を促進し、生活水

第2条　第4項
有事の際は国民を軍が召集する可能性についても触れている。

第2条　第8項
「核兵器からの解放の方針を採用し、追求する」は、成立当時としては斬新な条項だった。この条項は97年に発効した東南アジア非核兵器地帯条約（バンコク条約）の布石となったとされる。２０１４年に比の国軍基地内に限り米軍駐留を認めた「米比防衛協力強化協定」（ＥＤＣＡ）にベニグノ・アキノ政権が署名した際も、協定には「核兵器持ち込み禁止」の条項が盛り込まれた。→参照１３６ページ

準を向上させ、改善された政策を通じて、国民の繁栄と独立を確保し、貧困から人々を解放する公正かつ動的な社会秩序を促進する。すべての人の生活の質を改善する。

第10項　国は、開発のすべての段階で社会正義を促進する。

第11項　国は、すべての人間の尊厳を尊重し、人権の完全な尊重を保証する。

第12項　国は家族生活の神聖さを認識し、基本的な自治社会制度として家族を保護および強化する。母親の生命と胎児の生命を受胎から等しく保護する。そのための効率性、道徳的性格発達のための若者の育成における親の自然で主要な権利と義務に対しては、政府が支援を行う。

第13項　国は、国造りにおける若者の重要な役割を認識し、その肉体的、道徳的、精神的、知的、および社会的幸福を促進および保護する。若者に愛国心とナショナリズムを教え込み、公的および市民的な問題への彼らの関与を奨励する。

第2条　第12項
「胎児の生命を受胎から等しく保護する」との規定は、国として妊娠中絶を非合法とする憲法上の規定とも解釈されている。

第2条　第13項
若者への愛国心とナショナリズム教育がここで最初に明記されている。

第14項　国造りにおける女性の役割を認識し、女性と男性の法の下の基本的な平等を確保する。

第15項　国は、国民の健康に対する権利を保護および促進し、国民に健康意識を浸透させる。

第16項　国は、自然のリズムと調和に従って、バランスの取れた健康的な生態系に対する人々の権利を保護し、促進する。

第17項　国は、愛国心とナショナリズムを育み、社会の進歩を加速し、人間の完全な解放と発展を促進するために、教育、科学技術、芸術、文化、スポーツを優先的に支援する。

第18項　国は労働こそが最大の社会経済的な力であることを認める。国は労働者の権利を保護し、彼らの福祉を促進しなければならない。

第19項　国は、フィリピン人が効果的に統制する自立・独立した国家経済を発展させる。

第20項　国は、民間部門の不可欠な役割を認識し、民間企業の活動を奨励し、必要な投資にインセンティブを提供する。

第21項　国は、包括的な農村開発と農業改革を推進する。

第22項　国は、国の統一と発展の枠組みの中で先住民の文化共同体の権利を認識し、促進する。

第23項　国は、国家の福祉を促進する非政府、地域密着型、または部門別の組織を奨励する。

第24項　国は、国家建設におけるコミュニケーションと情報の重要な役割を認識する。

第25項　州は地方自治体として自治を確保する。

第26項　国は、公共サービスの機会への平等なアクセスを保証し、法律で定義される政治的王朝を禁止する。

第2条　第26項

フィリピン政治の文脈における「政治的王朝」とは、特定の一族が中央政府の主要ポストを独占したり、地方において州知事、州内自治体の首長、州選出の国会議員などの座を長年にわたって特定の一族が独占、継承することを指す。現在の中央政府には見られないが、地方では州知事と州都の首長、州選出国会議員などを親子やきょうだいで独占し、事実上継承している例が多々ある。ドゥテルテ大統領の場合も、20年近くダバオ市長を務めた際、連続3選禁止規定で出馬できなかった2013年のダバオ市長選では娘のサラ氏を候補に立てて当選させ、次の選挙では再び自身が立候補して当選している。2020年現在も大統領の地盤であるダバオ市長は娘のサラ氏、副市長は二男のセバスチャン氏、ダバオ1区選出の下院議員は長男のパオロ氏で、政治王朝の一形式との批判はある。

第27項　国は、公共サービスにおける誠実さを維持し、汚職と腐敗に対して積極的かつ効果的な措置をとる。

第28項　法律で規定された合理的な条件に従って、国は公共の利益に関わるすべての取引の完全な情報開示政策を採用し、実施する。

第3条　国民の権利

第1項　人は、法の適正な手続きなしに生命、自由、または財産を奪われてはならず、また法の下の平等な保護を否定されてはならない。

第2項　個人、家屋、書類、およびあらゆる種類の物について、不当な捜査による押収から保護される人々の権利は不可侵であり、捜査令状または逮捕令状は、妥当な場合以外は発行されない。発行は申立人および申立人の証人の宣誓または確認の後、裁判官の審査を経て決定される。捜査される場所、押収される物、その所有者は明確にされなければならない。

第3条　第2項
　2017年に公布されたミンダナオ地方における戒厳令においては、このような逮捕状をめぐる裁判所の手続きが不要とされ、軍や警察がテロ犯と疑いを掛けた者が恣意的に拘束されたケースも多々あった。

第3項（1）通信のプライバシーは、裁判所の合法的な命令があった場合、または法律で規定された公共の安全のための命令が別の形式で要求された場合を除いて、不可侵でなければならない。

（2）この条項または前の条項に違反して取得した証拠は、いかなる手続きにおいてもいかなる目的であっても認められない。

第4項　言論、表現、報道の自由、または国民が平和的に集まり、不満の救済のために政府に請願する権利を制限する法律を通過させてはならない。

第5項　宗教に関して、その自由な行使を禁止する法律を制定してはならない。自由な宗教的活動、宗教的職業、崇拝の享受は、恒久的に許められる。公民権や政治的権利の行使に宗教は問題にならない。

第6項　裁判所の合法的な命令がない限り、住居の自由および法律で定められた制限内でそれを変更する自由は損なわれない。法律で規定されているように、国家安全保障、公衆安全、または公衆衛生の利益に反しない限り、旅行する権利も損なわれない。

第3条　第6項
　2020年3月からの新型コロナをめぐる防疫下では、この自由に旅行する権利が大幅に制限された。

第7項　国民の関心事についての情報を得る人々の権利は認められる。公式の記録、公式の行動、取引、または決定に関連する文書、および政策立案の基礎として使用される政府の研究データへのアクセスは、別に定める制限に従って、市民に与えられる。

第8項　法律に反しない目的で労働組合や協会を結成する権利は、公共部門、民間部門を問わず、阻まれない。

第9項　私有財産は、補償なしに公共利用に供されてはならない。

第10項　契約の義務を損なう法律を通過させてはならない。

第11項　裁判所および準司法機関への無料アクセスと適切な法的支援は、すべての人に適用され、貧困を理由に拒否されない。

第12項〔1〕犯罪をめぐって取り調べを受ける者は、黙秘する権利がある。自ら選択できる有能で独立した弁護士を持つ権利を通知される権利を有する。弁護士に依頼する経済的余裕がない場合も、その者に弁護士が提供され

第3条　第8項
　公共部門に関する労働権では、日本と同様に団結権、団体交渉権はあるが、争議権（ストライキの実施）はないと解釈されている。↓参照58ページ

なければならない。これらの権利は、書面および弁護士の立会いがない限り、放棄することはできない。

(2)拷問、暴力、脅迫、または自由意志を損なうその他の手段は、取り調べ中の者に使用してはならない。秘密の拘禁場所、孤独で外界から隔離された場所、およびそれに類する形態の拘禁は禁止する。

(3)本項または本条第17項に違反して得られた自白や同意は、証拠として認められない。

(4)この第12項違反や拷問または同様の行為に対する罰則と民事制裁、被害者とその家族への補償とリハビリについては法律で規定する。

第13項　有罪の証拠が十分な場合や証拠隠ぺいによって起訴された者を除き、有罪判決の前に、被告は保釈されるか、認められた場合は釈放される。ヘイビアス・コーパス(人身保護)の特権が一時停止されても保釈権そのものは損なわれない。ただし、過剰に保釈を認める必要はない。

第14項(1)法の適正な手続きなしに、刑事犯罪に対して処罰を下すことはできない。

(2)すべての刑事訴追において、被告人は有罪が証明されるまで無実と推

第3条　第13項
　フィリピンでは殺人、強盗、レイプなど重大犯罪を除き、刑法以外の特別法違反で逮捕された者は逮捕直後に保釈が認められるケースが多い。ヘイビアス・コーパス(人身保護)とは、不当に自由が奪われている者の身柄の釈放を裁判所に求める文書のことを指す。

定され、弁護人の意見を聞き、訴追の内容・原因について知らされ、証人と面会し、証人の裁判出席と証拠を提出することを要求できる。裁判所はそれを証人らに強制することができる。被告は迅速、公平、公的な裁判を求める権利を持つ。被告が裁判に出頭しない場合は、その理由が認められない限り、被告が不在であっても裁判は続けることができる。

第15項　国家侵略または国家への反乱の場合を除き、ヘイビアス・コーパス（人身保護）によって身柄を保護される特権は、公共の安全に必要な場合を除いて、停止されない。

第16項　すべての個人は、司法機関、準司法機関、または行政機関に対して、訴訟を迅速に進める権利を有する。

第17項　いかなる人も、自分に不利な証人に自らなることを強制されない。

第18項（1）個人の政治的信念や願望だけを理由に拘束されることはない。

（2）有罪判決を受けた被告への罰としての場合を除き、いかなる形式の非自発的拘束も存在してはならない。

第3条　第18項（1）
　ドゥテルテ政権が2020年6月に成立させた「テロ防止法」（反テロ法）は共産党やその軍事部門・新人民軍への支持をネット上などで展開したものもテロの扇動に当たるとされ、最高裁への違憲訴訟が相次いでいる。

第19項（1）過大な罰金は科してはならない。残酷で品位を傷つける罰、非人道的な罰を科してはならない。凶悪犯罪に対しても、議会がこれを規定しない限り、死刑も科されない。既に言い渡された死刑は、終身刑に減刑される。

（2）囚人または被拘禁者に対する身体的、心理的、または品位を傷つける刑罰の採用、または非人間的で基準に満たない刑事施設の使用は、法律によって改善されねばならない。

第20項　債務や税を理由に人を投獄してはならない。

第21項　同じ犯罪に対して1人が2度の処罰を受けることはない。1度行為が処罰された場合、同じ行為に対して別の訴追が行われることはない。

第22項　事後の法律による訴追はできない。事後に新たな違法行為として訴追する法律は制定できない。

第3条　第19項

死刑をめぐる規定では「議会がこれを規定しない限り、死刑も科せられない」とあるが、1990年代のラモス政権時代に議案が議会を通り、死刑は復活した。アロヨ政権時代の2006年に死刑を廃止する共和国法8346号が成立し、死刑は廃止されたが、ドゥテルテ政権下で再び死刑復活論が出ている。

第3条　第21項

いわゆる一事不再理の原則。

第4条　国籍

第1項　以下がフィリピンの国民である。
（1）この憲法の採択の時点でフィリピン国民である者
（2）父親または母親がフィリピン国民である者
（3）1973年1月17日以前にフィリピン人の母親から生まれた者で、成年となる際、フィリピン国籍を選択した者
（4）法律により帰化した者

第2項　生まれながらのフィリピン人とは、比の市民権を取得する行為が必要のない出生時からフィリピンの市民である者を指す。第1項（3）に従ってフィリピン国籍を選択した者は、生まれながらの市民とみなされる。

第3項　比の市民権は、法律によって失われたり、再取得できたりする場合がある。

第4項　外国人と結婚したフィリピンの市民は、その行為または不作為により、法律上、それを放棄したとみなされない限り、市民権を保持する。

第4条　第1項、第2項
「生まれながらのフィリピン人」（NATURAL－BORN CITIZENS）という言葉は、この憲法によく出て来るが、出生時に父か母がフィリピン人である場合の子を指す。フィリピン大統領や上下両院議員なども「生まれながらのフィリピン人」に資格が限られている。第1項の「1973年1月17日以前」とは、国籍取得要件が「フィリピン人の父を持つ者」に限られていた時代を指す。同日付の改正以降、国籍要件は男女平等の観点からフィリピン人の父または母を持つ者に変わった。「生まれながらのフィリピン人」でないフィリピン人とは、両親のいずれともフィリピン人ではないが、フィリピン政府に認められ、フィリピン国籍を取得した外国人のことである。

第5項　市民の国家への二重忠誠は国益に反するため、法律で取り扱われる案件となる。

第5条　参政権

第1項　選挙権は、18歳以上で、少なくとも1年間比に居住し、投票を申し出た場所に6カ月以上居住しており、法律で資格が取り消されていないすべてのフィリピン国民が行使できる。選挙権の行使には、識字能力、財産などの条件は課されない。

第2項　議会は、投票用紙の機密性と尊厳を確保するためのシステム、および資格のある海外のフィリピン人による不在者投票システムを提供する。議会はまた、障害者と非識字者が他の人の援助なしに投票するための手順を設計する。それまでは、選挙管理委員会が投票の秘密を保護するために公布する法律や既にある規則に基づいて投票することが許可される。

第4条　第5項
　フィリピンは2000年代にフィリピンと外国との二重国籍保持を認めている。この条項における「二重忠誠」が問われる可能性があるケースとしては、特定の国との戦争が勃発した際、その戦争相手国の国籍も持つ2重国籍者が、どちらの国に忠誠を誓うかなど、現在においては稀なケースに限られると法律家の間では解釈されている。

第5条　第1項
　フィリピン国籍を持っていても1年間以上フィリピンに居住したことがない海外在住者は選挙権を持たない。一方、フィリピンで生まれ育った海外就労者（OFW）には在外公館で投票ができる。

第6条　立法府

第1項　立法権は、国民投票の規定によって国民に留保されている範囲を除き、上院と下院で構成されるフィリピン議会に与えられる。

第2項　上院は、法律で定められているように、フィリピンの有権者によって選出される24人の上院議員で構成される。

第3項　生まれながらのフィリピン人でない者、選挙当日に35歳に達していない者、読み書きができない者は上院議員になることはできない。選挙当日直前まで比に2年以上居住していることも上院議員候補者には求められる。

第4項　上院議員の任期は6年とし、法律で別段の定めがない限り、選挙後の6月30日正午に職務を開始する。上院議員は2期を超えて連続して務めることはできない。任期中に自発的に辞任した場合も、任期の中断とは見なさず、1期務めたとみなされる。

第6条
　上下両院の任期は、上院が6年（連続当選2回までの計12年）、下院は3年（連続当選3回までの計9年）までと定められている。このため、人気や地盤のある議員は、連続当選規定で任期を終えた後、上院から下院、またはその逆に移って議員の地位を確保する場合がある。下院議員の場合は、連続当選で9年の任期を終えた後、息子や親族に1期譲って州知事などになり、3年後に下院議員に返り咲く場合も少なくない。

第6条　第4項
　上院議員が任期中に大統領選、副大統領選に出馬し、落選した場合も、上院議員の地位は維持される。上院議員をいったん辞職して大統領選に出馬する必要はない。近年の例では、2016年のグレース・ポー上院議員の例があり、大統領選に出馬して落選したが、その後もさらに3年、上院議員を務め、19年には連続2期目の当選を果たした。

第5項　(1)下院は、法律で新たに定められない限り、州、都市、およびマニラ首都圏に割り当てられた選挙区から選出される250人以下のメンバーで構成されるものとする。選挙区はそれぞれの住民の数に基づき、一定の比率に基づいて決められる。このほか、法律の規定に従い、地域や部門から政党リスト制を通じた比例代表でも下院議員は選出される。

(2)政党リスト代表は、下院議員総数の20%を構成するものとする。この憲法の承認後、3期の間は、政党リスト制によって選出された議席のうち半分は、法律により、労働者、農民、都市部の貧困層、先住民族の文化コミュニティ、女性、青年を代表する党に回される。

(3)選挙区割りは可能な限り、隣接した領域で構成されるものとする。25万人以上の人口を持つ都市、州からは、少なくとも1人の代表者が選ばれる。

(4)国勢調査結果が出てから3年以内に、議会はこの項に定められた基準に基づいて選挙区と議席の再配分を行う。

第6項　生まれながらのフィリピン人でない者、選挙当日に25歳以上でない者、読み書きができない者は下院議員にはなれない。また、政党リスト制選出議員を除き、選出される地区に選挙当日直前まで1年以上居住していな

第6条　第5項（1）
下院は選挙区選出の250人と、政党リスト制に基づく比例代表選出議員で構成され、2020年12月現在は304人。

第6条　第5項（2）
この規定に従い、少数者の意見を議会に反映させることを目的に政党リスト（PARTY LIST）制という選挙制度が1998年から導入されている。選挙委員会に政党リスト制政党を結成して申請し、政党と認められれば、下院の被選挙権が党に与えられ、党の得票率に従って議員リスト上位から最大3人まで比例代表で議員を下院に送ることができる。2020年現在の政党リスト政党には、与党系の「反犯罪・テロへの市民社会の関与と支援党（ACT－CIS）」、共産党系の「バヤン・ムナ」（国こそ第一）、地方主義政党「私はビコール」など多数あり、政党リスト制議員の総数は

い者も候補者になれない。

第７項　下院議員は、法律で別段の定めがない限り、選挙後の６月30日正午に始まる３年間の任期で選出される。

下院議員は、３期を超えて連続して務めることはできない。任期中の自発的な辞任は、任期の中断とはみなさず、１期務めたと見なす。

第８項　法律で別段の定めがない限り、上院議員および下院議員の定期選挙は５月の第２月曜日に行われる。

第９項　上院または下院で欠員があった場合、法律で規定された方法でその空席を埋めるために特別選挙が実施されることがあるが、このようにして選出された上院議員または下院議員は、欠員者の残り任期のみを務める。

第10項　上院議員および下院議員の給与は法律により決定されるものとする。この報酬の増額は、上院および下院のすべての議員の任期が満了するまでは、かかる増額を実施しないものとする。

２０２０年現在61人。

第６条　第７項

下院議員の任期は３年で、連続再選は２回まで計連続９年務められるが、たとえば、任期１年で辞めた者が、２年後に出馬した場合は連続再選とみなされ、その後は２期しか務められない。

第11項　上院または下院議員は、議会が開かれている間、6年以下の懲役で罰せられるすべての犯罪において、不逮捕の特権を与えられるものとする。議会または委員会でのスピーチや議論について、院外で刑事、民事上の責任を問われない。

第12項　上院および下院のすべてのメンバーは、就任時に、財務上および事業上の利益を完全に開示する義務がある。法案を作成し提出する場合は、法によって生じる可能性のある潜在的な個人の利益について下院関係当局に通知しなければならない。

第13項　上院または下院議員は、任期中、政府機関、またはその支配下にある企業、その子会社などの役職に就くことはできない。また、任期中に創設された機関、または報酬が増加された機関の職に任命されない。

第14項　上院議員または下院議員は、一般法廷や選挙管理委員会の法廷、準司法機関、その他の行政機関を相手に、弁護人を務めることはできない。また、直接的であれ間接的であれ、政府、または政府が所有、管理する企業やその子会社、関連会社、機関との契約、免許権、特権に経済的に利害関係を持ってはならない。在任中、議員は金銭的利益のために政府のどの部署に対しても問題に介入してはならない。

第15項　議会は、法律により別の日付が定められない限り、毎年7月の第4月曜日に定例会議のために召集される。土曜、日曜、祝日を除いて次の会期開始日が決まる30日前までを議会会期とする。大統領はいつでも臨時議会を召集することができる。

第16項　(1)上下両院は、そのすべての議員の投票で過半数を得た者を議長に選出する。

上下両院は、必要と認めるその他の役員を選任する。

(2)上下両院は議員の過半数の出席を議決などを行う定足数とするが、定足数が満たせず休会が続く場合は、出席しない議員に出席を求め、応じない場合は罰則を科すことができる。

(3)上下両院は、その議事の規則を決定し、無秩序な行動を起こした議員に対し、議員の3分の2の同意を得て、議員資格を一時停止または追放することができる。一時停止の罰則を科す場合、60日を超えてはならない。

(4)上下両院は、その議事録を保管し、それを公開するものとする。ただし、国家安全保障に影響を与える可能性がある部分を削除することはできる。問題に対する賛成と反対は、出席している議員の5分の1以上の要請により、議事録に記録する。上下両院は、その議事録も保管するものとする。

(5)議会の会期中、どちらの院も、他方の同意なしに、3日を超えて休会することも、2院が置かれる場所以外の場所に集まることもできない。

第17項　上院と下院はそれぞれ選挙法廷を持ち、それぞれの議員の選挙、復帰、資格に関するすべての争いにおいて唯一の裁判機能を有する。各選挙法廷は9人のメンバーで構成され、そのうち3人は最高裁長官が指名する最高裁判所の判事であり、残りの6人は上院または下院の議員となる。その議員は一般政党および政党リスト制政党として登録された政党から比例代表形式で選ばれる。選挙法廷の裁判長は最高裁判事から選ばれる。

第18項　任命委員会は、上院議長、上院議員12人、下院議員12人で構成され、一般政党および政党リスト制政党からの比例代表制によって選出される。票決が同数の場合を除いて、任命委員会の委員長は投票してはならない。任命委員会は、任命案提出から会期日数30日以内にすべての任命案に対して行動するものとする。委員会は、すべて多数決により決まる。

第6条　第17項
この選挙法廷の決定は第9条Cが定める選挙管理委員会の決定より重いものとされる。

第6条　第18項
「任命委員会」とは第9条の憲法上の委員会の委員長や委員を大統領の同意を得て任命する委員会を指す。

第19項　選挙法廷および任命委員会は、上下両院とも議長が選挙で選ばれてから30日以内に構成されるものとする。任命委員会は、議会の会期中に委員長または委員過半数の求めにより、ここに付与されているような権限および機能を執行するための会合を持てる。

第20項　議会の議事録と会計帳簿は保存され、法律に従って一般に公開されるものとし、帳簿は、毎年支払われた金額と経費の項目別一覧表を発行する監査委員会によって監査される。監査は議員ごとに行う。

第21項　上院、下院、またはそれぞれの委員会は、手続き規則や法律に基づいて調査を行うことができる。このような調査に応じる人物や影響を受けた人物の権利は尊重される。

第22項　省庁の大臣、長官は担当省庁が関係する問題について、大統領の同意または　いずれかの院の要請に応じて、独自の意見を述べるイニシアチブをとることができる。大臣、長官への書面による質問は、出席予定日の少なくとも3日前に、上院議長または下院議長に提出するものとする。質問は書面による質問に限定されない。また関連する問題の質問も行われる場合がある。国家安全保障または公共の利益に絡む問題であると大統領が判断した場合、大臣、長官への質問は議会でなく非公開審議で行われるものとする。

第23項（1）議会は、別々に投票する合同会議で、それぞれの院の3分の2の票を得た場合は、戦争状態の存在を宣言する唯一の権限を有する。

（2）戦争またはその他の国の緊急事態の際に、議会は、法律により、一定期間、大統領が国家政策を遂行するために必要かつ適切な権限を行使することを承認することができる。議会の決議により撤回されない限り、そのような大統領の権限は会期の終了と共に停止する。

第24項　歳出、歳入、関税に関する法案、公的債務の増加を承認する法案、地方に適用する法案、および特定の法人に対する法案は、下院で独占的に発議するものとするが、上院は修正案を提案または同意することができる。

第25項（1）議会は、政府運営のためであっても大統領の求めに応じて決められた予算を増加させることはできない。予算の作成の形式、内容、方法は、法律で規定される。

第6条　第23項（2）
米国と同様に戦争状態の宣言（宣戦布告）は議会に委ねられている。

（２）その規定は、特定の利益処分に関連しない限り、一般利益処分法案に含まれないものとする。そのような規定は、その運用において、それが関係する利益処分に限定される。

（３）議会の利益処分を承認する際の手順は、他の部門および機関の利益処分を承認するための手順に厳密に従う。

（４）特別歳出法案は、それが意図された目的を明記し、国庫によって認定された実際に利用可能な資金によって支援されるか、またはそこに提案された対応する収入によって調達されるものとする。

（５）歳出予算の移転を許可する法律は成立させてはならない。ただし、大統領、上院議長、下院議長、最高裁判所長官、および憲法委員会の委員長は、法に従い、政府の予算項目の蓄えを各政府機関のため一般予算項目の増補に用いることができる。

（６）特定の職員に割り当てられた裁量資金は、適切な証拠書類を必要とし、法律で規定されているようなガイドラインの対象となる公共目的のためにのみ支払われる。

（７）会計年度の終わりまでに、議会が次年度の予算案を可決しなかった場合、前会計年度の予算が再施行されたものとみなされ、次年度の予算案が可決するまで引き続き効力を維持する。

第６条　第25項（５）
　ここにあるように、いったん決まった予算の振り分けを変えることは原則として認められないが、ドゥテルテ政権は２０２０年、この項目の後段にあるように、議会の議決を経て新型コロナウイルス対策のため「バヤニハン法」を成立させ、いったん決まった予算を振り替え、保健予算を増やすなどの措置をとった。

第６条　第25項（７）
　２０１９年予算はドゥテルテ大統領が「汚職の温床」とも言われる下院議員選挙区に割り当てられる優先開発補助金条項の削除を求めて紛糾、成立は19年４月15日となり、それまでは18年予算が適用された。

第26項（1）議会で可決されたすべての法案は、そのタイトルに示される1つの主題のみを包含する。

（2）上下両院とも法案を通過させるには、別々の日に3回の読会を行い、その最終法案のコピーが、可決日の3日前に議員全員に配布されなければならない。ただし、災害や緊急事態に対応するための即時制定の必要性を唱えた時は例外もある。最終法案を読んだ後、それに対する修正は認められず、その直後に投票が行われ、賛成と反対が議事録に記録される。

第27項（1）議会で可決されたすべての法案は、法律になる前に大統領に提出される。大統領が承認した場合、それに署名する。承認しない場合、大統領は拒否権を発動して上院または下院に返す。上院または下院は、大統領の反対意見を議事録に記入し、再検討する。再検討後、上院または下院が3分の2の賛成で法案を可決することに同意した場合、反対意見とともに、もう一方の院に送付され、同様に再検討される。そこでも3分の2の賛成によって承認された場合は法案は成立する。このような場合において、各院の投票で賛成票または反対票を投じた議員の名前は議事録に記入される。大統領は、法案の拒否は、受領日から30日以内に上院または下院に通知するものとする。通知しない場合は署名したとみなされ、法案は成立する。

第6条　第26項
「上下両院とも議案を通過させるには、別々の日に3回の読会を行い」が守られていなかった例が最近あった。ABS―CBNの放送免許を暫定的に5カ月間認めた下院の法案審議をめぐって、下院与党副院内総務を務めるウィルター・パルマ議員（ラカス党）が、法案の1度目と2度目の読会はともに5月13日に実施されていることから、この26条に反し、違憲との認識を示した。

第6条　第27項（1）
成立した法律が正式な効力を持つのは、日本における官報と同様の「行政新聞」と呼ばれる公的新聞に掲載されてから15日後とされている。ただし、行政新聞に掲載される前に、一般の商業新聞で詳細が報道された場合は、その掲載日を15日間の起点とする場合もある。

（2）大統領は、歳出、歳入、または関税法案の特定の項目を拒否する権限を有するが、拒否は、大統領が反対しない項目に影響を与えてはならない。

第28項　（1）課税規則は、統一的かつ公平でなければならない。議会は累進課税制度を発展させるものとする。

（2）議会は法案を、国家開発プログラムの枠組み内において、課税率、輸入および輸出割当量、トン数と港湾使用料、関税などを指定された制限内で修正することを大統領に許可することができる。

（3）慈善団体、宗教団体などによって、宗教、慈善、または教育目的のために実際かつ直接、そして排他的に使用されている教会、修道院、モスク、非営利の墓地、またはそれに付随する牧場、土地、建物、さらにそれらが改良されたものには、課税されない。

（4）議員の過半数の同意を得ずに非課税を認める法律は成立しない。

第29項　（1）第28項（3）の施設や土地に関し、法律による処分の場合を除き、財務省から金銭を支払うことはできない。

（2）宗教、宗派、教会等の制度や宗教のシステム、神父、説教者、その他宗教指導者や宗教団体幹部の利益のために、直接的であれ間接的であれ、公金または政府財産が与えられることはない。ただし、神父、説教者、宗教指導者または幹部が軍隊、刑事施設、孤児院またはハンセン病施設で働いている場合は除く。

(3) 特別な目的のために徴収された税金は、特別な基金として扱われ、その目的のためにのみに使われる。特別な基金が創設された目的が達成または放棄された場合、残高があれば、政府の一般基金に返金されなければならない。

第30項　この憲法に規定されている最高裁判所の控訴管轄権を、最高裁判所の同意なしに拡大する法律を制定させてはならない。

第31項　王族または貴族の称号を付与する法律を制定してはならない。

第32項　できるだけ早い時期に、国民による発議権、国民投票、およびそれに伴う例外のシステムを提供する。これにより、国民は、法律を直接提案および制定したり、議会が可決した法律または法律の一部を承認または却下したりできる。そのための請願を行う際は、有権者総数の少なくとも10％によって署名されるか、すべての選挙区で3％以上の支持を得なけ

第6条　第31項
　フィリピンには19世紀までミンダナオ島のマギンダナオ王国、スルー諸島のスルー王国が存在した。その正式な末裔は現在もいるが、この条項によって王族、貴族の称号は与えられていない。

ればならない。

第7条　行政府

第1項　行政執行権はフィリピン大統領に帰属する。

第2項　生まれながらのフィリピン人であり、選挙当日に40歳以上の読み書きができる登録有権者で、選挙の直前の少なくとも10年間、比居住者でない限り、大統領に選出されることはできない。

第3項　副大統領は、大統領と同じ資格と任期を持ち、大統領と同じ方法で選出される。また、大統領と同じ方法で解任され得る。

大統領は副大統領を内閣の一員として任命することができる。任命は承認を必要としない。

第4項　大統領および副大統領は国民の直接投票により選ばれる。その任

第7条
　記述は複雑だが、大統領が死亡したり、辞任したりした場合の継承権順位は副大統領、上院議長、下院議長の順となっている。その4人がすべて死亡したり辞退したりした場合は第8項の規定に従うと、下院が大統領代行を選ぶとされている。

期は、選挙日の翌月の6月30日正午に始まり、6年後の同じ日付で任期を終え、再選の資格はない。大統領として4年以上務めた者も2度と大統領に選出される資格がない。

副大統領も2期以上連続して務めることはできない。任期途中の辞任も1期務めたことになる。法律で別段の定めがない限り、大統領および副大統領の定期選挙は5月の第2月曜日に行われるものとする。

各州または市の集計委員会によって正式に認定された大統領および副大統領の選挙区ごとの結果は上院議長に送られる。集計の証明書を受け取ったら、上院議長は、選挙の日から30日以内に、上院と下院の合同公開会議および各議会においてすべての証明書を開き、法律で定められた方法で信憑性およびその正当な結果が決定される。

最高票数を得た者が大統領に選出されたと宣言されるが、2人以上が同票かつ最高票となった場合は、両院の全議員の投票により過半数を得た者が大統領に選出される。

議会は、証明書の集計に関する規則を公布する。最高裁判所大法廷は、大統領または副大統領の選挙、復帰、資格に関するすべての争いをめぐる唯一の裁判所であり、その目的のためにその規則を公布することができる。

第７条　第４項

大統領、副大統領の任期は１期６年で連続再選は禁止で、１期以上大統領職を務めて退いた後、大統領に再出馬することも禁じられている。ただ２０１０年にジョセフ・エストラダ元大統領が２度目の大統領の座を狙って出馬（２位で落選）した例がある。この場合は一期目に汚職を追及されて、２年半ほどで大統領職を弾劾裁判で罷免されたため。

また、副大統領が大統領に昇格した場合も、前大統領の残りの任期が４年未満だった場合は、次の選挙への出馬が可能。エストラダ大統領が２０００年に辞任後、アロヨ副大統領が大統領に昇格して３年半務めた後、０４年の選挙に出馬して当選、計９年半、大統領を務めた例がある。

また、大統領が６年の任期を終えた後、副大統領選に出馬することは禁じられていない。

第5項　職務の執行に入る前に、大統領、副大統領、または大統領代行は、以下の宣誓または確約を行う。

「私はフィリピンの大統領（または副大統領または大統領代行）としての義務を誠実かつ忠実に果たし、憲法を守り擁護し、法律を執行し、すべての人に正義を行うことを厳粛に誓う。（または確約する。）。国家の奉仕に身を捧げる。神よお助けください」（「確約する」を選んだ場合は最後の文は省略できる）

第6項　大統領は公邸を有する。大統領および副大統領の給与は法律により決定され、在任中は減額されない。補償面の増額は、かかる補償増額が承認された在職者の期間満了後まで効力を生じない。大統領および副大統領は、在職中に政府またはその他のソースから他の報酬を受け取ってはならない。

第7項　選ばれた大統領および副大統領は任期の始まりと同時に就任する。

選出済みの大統領がその資格を失った場合、選出済みの副大統領が、選出済み大統領が資格を取り戻すまで、大統領として行動する。

大統領が選ばれなかった場合、選出済みの副大統領は、大統領が選ばれ、

第7条　第6項

２０２０年の時点で、ドゥテルテ大統領の給与は月額39万９７３９ペソ。ロブレド副大統領、上下両院議長、最高裁判事の給与は35万３４７０ペソ、政権高官や上下両院議員は29万５１９１ペソとなっている。（1ペソ＝約２・１円）

資格が与えられるまで、大統領として行動する。

大統領の任期途中に、大統領が死亡または大統領職を務められない恒久的な障害を負った場合は、副大統領が大統領になる。

大統領および副大統領が選ばれなかったり、資格をはく奪されたり、あるいは両方が死亡または職務を遂行できない恒久的な障害を負った場合は大統領と副大統領が選ばれるまで上院議長が大統領代行になる。上院議長に大統領としての能力がない場合は下院議長が大統領代行になる。

議会は、法律により、大統領、または副大統領が辞任したり死亡または職務が遂行できない恒久的障害を負った場合、新たな大統領と副大統領が選任されるまで、大統領代行を定める。大統領代行にも権力の制限と資格はく奪がありうる。

第8項　大統領の死亡、または職務を遂行できない恒久的な障害、あるいは辞任によって副大統領が大統領になった場合の任期は元の大統領の任期切れまでとする。大統領、副大統領ともに死亡したり、恒久的な障害を負ったり、辞任したりした時は、上院議長か、上院議長に能力が認められない場合は下院議長が、新しい大統領または副大統領が選出されるまで大統領代行を務める。

第7条　第7項
上院議長や下院議長が大統領代行となった場合は、臨時の大統領選が行われると解釈されているが、その解釈については議論もある。87年憲法施行後、実際に上院議長や下院議長が大統領代行に就任したことはない。

大統領代行が死亡したり、恒久的な傷害を負ったり、辞任したりした場合は、下院が次の大統領代行を決める。大統領代行は、新しい大統領または副大統領が選出するまで職務を行う。大統領代行にも大統領と同様の権力の制限や資格剥奪規定が適用される。

第9項　大統領は、副大統領職に欠員があった場合は、上院議員および下院議員の中から副大統領を指名する。個別に投票する両院において過半数の支持が得られれば、その者が副大統領になる。

第10項　議会は、大統領職と副大統領職ともに欠員が発生した後3日目の午前10時に、規則に従って召集され、7日以内に大統領と副大統領を選出する特別選挙を、その日から45日以降60日以内に開催する法律を定める。その法律は、本憲法6条第26項第2号に従って制定される。特別選挙の歳出は、その年度の歳出となり、本憲法6条第25項の要件からは免除される。議会の召集をやめたり、特別選挙を延期したりすることはできない。次回大統領選挙前18か月以内に欠員が発生した場合は、特別選挙は行わない。

第11項　大統領が上院議長と下院議長に大統領としての職務を果たすこと

ができないと書面で伝えた場合は、上院議長または下院議長がその見解に反対する書面を提出するまで、副大統領が大統領代行を務める。閣僚の過半数が、上院議長と下院議長に、大統領がその職務の権限と義務を果たすことができないとの書面を提出したときも、副大統領は直ちに大統領代行としての職務と権限を引き受ける。

その後、大統領が上院議長および下院議長に、職務を果たすことができないという閣僚の見解を否定する書面を提出した時は、大統領の権限は復活する。

それに対し、閣僚の過半数が5日以内に再び上院議長と下院議長に、大統領が職務を果たすことができないことを書面で伝えた場合は、議会が問題を決定する。その目的のために、議会は、会期中でない場合でも、48時間以内に召集される。

議会が、最後の書面による宣言を受け取ってから10日以内、会期中でない場合は、12日以内に、両議院の3分の2の賛成が得られた場合は、副大統領が大統領として行動する。それ以外の場合、大統領は引き続き自分の役職の権限を行使し、義務を果たす。

第12項　大統領が深刻な病気になった場合、国民にはその健康状態が知らされなければならない。国家安全保障と外交を担当する内閣のメンバーとフィリピン国軍の参謀長は、そのような病気の間、大統領との面会を拒否されないものとする。

第13項　大統領、副大統領、内閣のメンバー、およびその代理人または補佐官は、この憲法に別段の定めがない限り、在職中に他の役職に就いたり、他から雇われたりしてはならない。また、在職期間中、直接的または間接的に、他の職業に就いたり、ビジネスに参加したり、政府やその下部機関、または政府が所有・管理する企業とその子会社との間で契約を取り交わしたり、特権を受けたりしてはならない。職務の遂行において利益相反を厳格に避けなければならない。

大統領の4親等内の親族または姻族は、大統領の在任中、憲法委員会の委員、行政監察院事務所スタッフ、大臣、次官、局長に任命されてはならない。政府が所有または管理する企業とその子会社のスタッフになることも禁じられる。

第14項　大統領代行に対する職務延長の命令は、選出された大統領が就任から90日以内に取り消さない限り、引き続き有効となる。

第7条　第12項
　この規定を順守し、ドゥテルテ大統領はバレット食道炎や閉塞性血栓性血管炎など四つの持病を持つと公表している。

第15項　次の大統領選挙の2カ月前から任期満了まで、大統領または大統領代行は、公共サービスや公共の安全を損なう場合以外は、政府の幹部職の任命を行ってはならない。

第16項　大統領は、任命委員会の同意を得て、閣僚、行政官、大使および総領事を任命できる。軍の将校を大佐またはそれと同等以上の階級から指名、任命できる。他にも任命方法が法律によって規定されていない政府の他のすべての役職について、任命することができる。議会は、法律に従って、その任命を認める。

大統領は、議会の休会中にも任命する権限を有するが、任命された者の職権は任命委員会が不承認とするまで、または、その議会の休会まで有効とする。

第17項　大統領は、すべての行政執行部門、部局、事務所を統括し、法律が忠実に実行されることを保証する。

第18項　大統領は、フィリピンのすべての軍隊の総司令官となる。必要なときはいつでも、軍隊に命じて、非合法の暴力、侵略または反乱の防止または抑制を求めることができる。侵略または反乱の場合など公共の安全が必要とされる場合、大統領は60日を超えない期間、フィリピンまたはその一部を戒厳令下に置くことができる。戒厳令の公布または人身保護令の一時停止については、布告から48時間以内に、大統領は直接または書面で議会に報告書を提出し、伝えなければならない。議会は議員の過半数が反対すれば、そのような宣言または停止を取り消すことができる。侵略または反乱が持続し、公共の安全がそれを必要とする場合、議会は戒厳令などを延長することができる。

議会は、会期中でない場合でも、戒厳令などの公布から24時間以内に、その規定に従って召集される。

最高裁判所は、市民から戒厳令の公布の根拠や必要性について疑義が提出された場合、提出から30日以内に戒厳令の必要性やその延長の妥当性を検討し、その決定を30日以内に公表しなければならない。

戒厳令が布告された州においては、憲法の運用を全面停止するわけではない。通常の裁判所や地方議会の機能に取って代わるものでもない。通常の裁判所が機能することができる民間人に対する裁判を自動的に停止し、軍事裁判所および軍への管轄権の付与を自動的に承認するものでもない。

令状なしの逮捕や捜索は、侵略や反乱に直接関係する犯罪に対してのみ適

第7条　第18項
　マルコス政権は1972年から81年まで比を戒厳令下に置いた。87年憲法はマルコス独裁政権時代の政治を徹底的に批判、独裁の再発を防ぐことを大きな趣旨として書かれているが、戒厳令条項は残した。実際に、この憲法施行後も相次いだ国軍クーデターや共産ゲリラ、イスラム過激派の蜂起に備えた現実的選択だったと考えられる。
　最近の戒厳令布告には、イスラム過激派によるミンダナオ島マラウィ市占拠直後の2017年5月から同年末まで布告されたミンダナオ地方全域への戒厳令布告がある。しかし、フィリピン全土を対象とした戒厳令の布告は、この憲法成立以降はまだない。

用される。

令状なしに逮捕または拘留された者は3日以内に通常の司法制度で起訴されるか、釈放される。

第19項　弾劾裁判の場合を除き、この憲法に別段の定めがある場合を除いて、大統領は、最終的な有罪判決の後で、刑の執行猶予、減刑、赦免を与えたり、罰金などを減額することができる。

大統領は、議会の全議員の過半数の同意を得て恩赦を与える権限を有する。

第20項　大統領は、事前に中央銀行の同意を得て、国に代わって、法律で規定されているような制限を条件として、外国との融資契約や保証をすることができる。中央銀行は、毎年の各四半期の終わりから30日以内に、政府または政府が所有および管理する企業が契約または保証するローンに関する決定の完全な報告書を議会に提出し、対外債務の増加の状況を監督させる。

第21項　すべての上院議員の少なくとも3分の2が同意しない限り、いかなる条約または国際協定も有効でないものとする。

第7条　第21項

「上院議員の少なくとも3分の2が同意しない限り、いかなる条約または国際協定も有効にできない」と条約、協定の締結に高いハードルを設けている。これは18条25項で米軍基地存続条約にも適用されており、1991年9月に上院が否決、比から米軍基地が撤退するに至った。ドゥテルテ政権が2020年2月に米国に破棄を通告（6月に破棄を6カ月凍結）した訪問米軍地位協定（VFA）をめぐっては、条約や協定を破棄する場合にも上院の3分の2の承認が同様に必要との意見が出され、上院議員が最高裁の判断を求めて申し立てを行った。

第22項　大統領は、議会に対し、定例会合から30日以内に予算の支出状況について、その資金源とともに報告書を提出しなければならない。

第23項　大統領は、議会の通常会合の開会時に演説する。大統領はそれ以外の時も、いつであれ議会で演説をすることができる。

第8条　司法府

第1項　司法権は、1つの最高裁判所と、法律で確立される下級裁判所に与えられる。司法権によって、法的に要求可能で執行可能な権利を含む実際の争いは解決される。また、司法権には、すべての裁判所の管轄下で裁量権の重大な乱用があったかどうかを監督する義務が含まれる。

第2項　議会は、さまざまな裁判所の管轄を定義、規定、および配分する権限を有するが、本条第5項に列挙された案件について、最高裁判所の管轄を剥奪することはできない。裁判官らの任期の保証を損なう法律改正はできない。

第3項　司法は、財政的自治を享受するものとする。司法府の歳出は、議会により前年度に割り当てられた金額を下回ることはできず、承認後、自動的かつ定期的に歳出される。

第4項　(1) 最高裁判所は、最高裁長官と14人の裁判官から構成される。裁判は長官を含む15人全員、または裁量によって3人、5人、あるいは7人で行うことができる。裁判官に欠員が出た場合は、90日以内に補充される。
(2)憲法に関わる条約、国際的または行政上の協定や法についての審理は裁判官全員で行う。裁判所の規則、大統領による宣言、命令、指示などについては、審理に参加した裁判官の過半数によって合憲性を判断する。
(3)裁判官全員でなく一部の裁判官で審理された案件に関する問題は、審理に実際に参加した裁判官の過半数の同意を得て決定または決議される。ただし、同意した裁判官が3人に満たない場合は決定は無効となり、裁判官全員で再び審理を行う。

第5項　最高裁判所は、以下の権限を有する。
(1)大使、公使、領事に関わる案件移送命令、禁止命令、職務執行令状、権限開示令状および身柄拘束令状に関する請願について管轄権を行使する。
(2)下級裁判所の判決および命令に対し、控訴または案件移送を認め、判決および命令の見直し、修正、取り消し、変更、または確認する権限。そのほか最高裁判所の権限が行使されるのは以下のような案件になる。
(a)条約、国際条約または行政協定、法律、大統領の宣言、命令などの合憲性または有効性が問題となっているすべての案件。
(b)税金、関税、通行料、またはそれらに関連して課される罰金を含む

第8条　第5項
裁判所の権限規定において、地方裁判所、控訴裁判所の両方、またはいずれかを経ずに、最高裁判所が1審または2審の審理を行う例が列挙されている。比の外交官に関する案件、条約や国際協定に関する案件は最高裁が1審となり、1審で終身刑以上の刑罰が科せられた案件は控訴裁判所を超えて、最高裁が2審となる。

すべての案件。

（c）下級裁判所の管轄権が問題となっているすべての案件。

（d）一審で終身刑以上の刑罰が科せられたすべての刑事事件。

（e）法の誤りまたは問題のみが問われている案件。

（3）公共の利益のために、下級裁判所の裁判官を一時的に他の部局に任命する権限。ただし、当該裁判官の同意なしに期間は6カ月を超えてはならない。

（4）司法の失策を避けるために、裁判地の変更を命じる権限。

（5）憲法上の権利の保護、裁判手続き、法律の実践への承認、統合法廷、および裁判費用を用意できない人々への法的支援に関する規則を公布する権限。事件の迅速な処分のため簡素化された手続きを提供する権限。ただし、それは同じ等級のすべての裁判所で統一的に提供されなければならず、被告らの実質的な権利を減少、増加、または変更してはならない。最高裁判所が承認しない場合を除き、特別裁判所および準司法機関による手続き規則は有効とする。

（6）公務員法に従い、司法機関の職員を任命する権限。

第6項　最高裁判所は、すべての裁判所とその職員を管理する。

第7項　(1)生まれながらのフィリピン人でない限り、最高裁判所または下級裁判所の裁判官に任命されることはない。最高裁判所の裁判官は40歳以上でなければならず、15年以上、下級裁判所の裁判官であるか、フィリピンで法律の実務に従事していなければならない。

(2)議会は下級裁判所の裁判官の資格を規定するが、フィリピンの市民であり、フィリピン統合法律家協会のメンバーでなければ、裁判官に任命してはならない。

(3)司法機関の職員は、証明された能力を持ち、誠実、廉潔、および独立性を持つ人物でなければならない。

第8項　(1)司法弁護士評議会は、最高裁判所の監督の下、司法大臣、議会の代表、フィリピン統合法律家協会、法学教授、最高裁判所の退職者および民間部門の代表で構成される。

(2)司法弁護士評議会の正会員は、任命委員会の同意を得て、大統領により任命される。その任期は弁護士の代表は4年間、法学教授は3年間、退職裁判官は2年間、民間部門の代表は1年間とする。

(3)最高裁判所の書記官は、司法弁護士評議会の書記長となり、その手続き記録を保管するものとする。

(4)司法弁護士評議会の正会員は、最高裁判所が決定する報酬を受け取る。最高裁判所は年次予算からこれを提供する。

(5)司法弁護士評議会は、主要な役割として、司法組織に対し、裁判官任命者を推薦する。最高裁判所は司法弁護士評議会がその機能と義務を果たすよう求めることがある。

第9項　最高裁判所の裁判官および下級裁判所の裁判官に空席が生じた場合は、司法弁護士評議会が作成した少なくとも3人の候補者のリストから大統領が任命するものとする。任命には承認を必要としない。下級裁判所については、大統領はリストの提出を受けてから90日以内に任命を行う。

第10項　最高裁判所長官および最高裁判所裁判官の給与および下級裁判所の裁判官の給与は、法律により定められる。彼らが在職中、その給与は減額されない。

第11項　最高裁判所の裁判官および下級裁判所の裁判官は、70歳に達するまで、またはその職務を遂行する能力がなくなるまで、職務に就くことができる。最高裁判所は裁判官の審理によって、過半数の票決が得られた場合は下級裁判所の裁判官に懲戒または解任の処分を下す権限を有する。

第12項　最高裁判所および法律で定められたその他の裁判所の裁判官は、準司法または行政機能を実行するいかなる機関にも指示を受けない。

第13項　最高裁判所の裁判官全員または一部の裁判官らによって決定された結論は、最高裁長官の署名のある文書として作成され、その写しは案件の記録に添付され、当事者に送達される。その文書には決定に参加しなかったり、反対したり、または棄権したりした裁判官の理由が明らかにされていなければならない。最高裁の意見を書き込むのは割り当てられた最高裁裁判官とするが、文書は協議の上で作成されなければならない。これは、すべての下級裁判所でも遵守される。

第14項　裁判所は、事実とその根拠となる法律を明確に表明せずに、いかなる決定も下してはならない。一方、裁判所の決定に対する不服審査または申立ては、法的根拠を明記せずとも拒否されない。

第15項　〔1〕この憲法が有効になった後に提出されたすべての案件は、最

第8条　第11項
　裁判官の地位に一度就けば、弾劾裁判などを受けない限り、70歳までその身分は保証される。ただし、最近では2012年にコロナ最高裁長官が汚職疑惑から弾劾裁判を経て更迭されたほか、18年にはセレナ最高裁長官が、就任時の資産報告に不備があったとして更迭されている。最高裁判事は、控訴裁判事から選ばれる例が非常に多い。また、最高裁長官は最高裁判事の年長者の中から選ばれる例が多い。

高裁判所への提出日から24か月以内に決定または解決されなければならない。下級裁判所は、合議制の場合で12カ月以内、それ以外は3カ月以内に決定または解決が求められる。最高裁判所は下級裁判所の決定または解決までの期限を短縮することができる。

（2）案件は、裁判所の規則に従って事案の要約または覚書の提出された時点で、決定または決議が示されたと見なす。

（3）審理期間の満了時までに、最高裁長官または裁判長により署名された事案に関する決定文書が発行され、その写しが案件の記録に添付され、当事者に送達されなければならない。期間内に決定文書が発行されなかった場合は、その理由が決定文書に記載されなければならない。

（4）審理期間が過ぎた事案について裁判所は、その遅延が招く結果と向き合い、さらなる遅延がないように決定または決議に努める。

第16項　最高裁判所は、議会の定例会合開会から30日以内に、司法府の活動に関する年次報告を大統領および議会に提出しなければならない。

第8条　第15項
「合議制の場合で12カ月、それ以外は3カ月以内に決定または解決が求められる」。この規定通りであれば、フィリピンの刑事裁判は迅速に進むことになるはずだが、実際には刑事被告人にふさわしい弁護士があてがわれなかったり、大事件の場合は記録や証人が多数に上ることもあるため、12カ月以内に判決が下されない事件は多い。

第9条　憲法上の委員会

A　共通規定

第1項　憲法上の委員会は、公務員委員会、選挙管理委員会、監査委員会とし、いずれも独立機関とする。

第2項　憲法上の委員会の委員は、任期中、他の職を持ってはならない。委員はまた、職務の遂行に伴う権限によって何らかの形で影響を受けるビジネスの積極的な運営に直接または間接的に従事してはならない。政府が所有または管理する企業またはその子会社、関連会社、機関から特権を得ることもしてはならない。

第3項　憲法上の委員会委員長および委員の給与は法律により定められ、任期中に減額されない。

第4項　憲法上の委員会は、法律に従って、その幹部とスタッフを任命する。

第9条
　憲法上の特別な地位を持つ委員会として公務員を監督する公務員委員会、選挙管理委員会、監査委員会の3つを定めている。これらの委員は第6条18項にしたがって任命委員会が推薦、大統領が任命する。このほか、この憲法には人権委員会、行政監察院（オンブズマン）などについて定めがあるが、憲法上の委員会とは別とされ、任命委員会による任命は規定されておらず、大統領による政治任命ポストとなっている。

第5項　憲法上の委員会は財政の自治を享受するものとする。承認された年間予算は、自動的かつ定期的に歳出される。

第6項　各委員会は、訴答および実務に関する独自の規則を公布することができる。ただし、その規則は、国民の実質的な権利を減少、増加、または変更してはならない。

第7項　各委員会は、決定または解決のために事案が提出された日から60日以内にすべてのメンバーの多数決により、事案について決定を下す。その事案とは、委員会の規則に従って提起された請願、概略書、覚書を指す。この憲法または法律によって別段の定めがない限り、各委員会の決定、命令、または裁定は、そのコピーの受領から30日以内に、不服申立てし、最高裁判所に案件移送することができる。

第8項　各委員会は、法律で規定されているその他の機能を実行する。

B　公務員委員会

第1項　(1)公務員委員会は、委員長と2人の委員から構成される。委員長と2人の委員は、生まれながらのフィリピン人であり、任命時に少なくとも35歳以上で、公務員としての能力が証明されている者でなければならない。任命直前の選挙に立候補した者は任命されない。

（2）委員長および委員は、任命委員会の同意を得て大統領が任命する。委員長の任期は7年とし、これが全委員の任期の枠組みとなる。委員のうち1人の任期は5年、2人目の任期は3年とする。任期を終えた委員の後任には別の者が任命され、委員長の任期7年の残りの期間、委員を務める。委員長と委員は再任命されることはない。委員長代理、委員代理は任命されない。

第2項 （1）公務員とは政府のすべての省庁とその支部、出張所、出先機関、および政府関係機関（旧憲法下の政府所有または管理下の企業を含む）に務める者とする。

（2）公務員の任命は、原則として公的機関の利益と適性に従って競争を伴う試験によって行われる。ただし、政策決定に関わる職務や機密情報、高度な技術を必要とする職務を除く。

（3）法律で定められた理由を除いて、公務員を解雇または職務停止処分としてはならない。

（4）公務員は、直接または間接的に、選挙や党派の政治運動に従事してはならない。
（5）公務員の組織化の権利は否定されない。
（6）臨時公務員は法律により提供される保護を受ける。

第3項　公務員委員会は、政府の中央人事機関として、公務員の士気、効率、誠実さ、責任性、斬新性、および礼節を促進するための措置を講じ、国民に奉仕する。褒章制度なども強化し、すべてのレベル、ランクに応じた人材育成プログラムを統合し、組織管理の環境を国民への説明責任を果たせるよう制度化する。その人事プログラムの年次報告書は大統領と議会に提出する。

第4項　すべての公務員は、この憲法を支持および擁護する誓約または確約を行う。

第5項　議会は、公務員および国が所有または管理する企業の職員に対し、元々の取り決めと責任の性質、およびその職位を考慮に入れて、報酬の標準を規定する。

第6項　選挙で落選した候補者は、選挙後1年以内に、政府または政府が

第9条B　第2項（5）
公務員の団結権、団体交渉権を認めた条項。争議権については触れられておらず、争議権はないと解釈されている。ただし13条第3項にはストライキをする権利を持つ者は「すべての労働者」とある。→参照89ページ

所有・管理する企業、その子会社のいずれの地位にも任命されることはない。

第7項　選挙によって公職に選ばれた者は、その任期中、別の公職に任命されたり指名を受ける資格はない。法律またはその地位によって別段に許可されていない限り、任命された公務員は、政府、政府が所有または管理する企業、その子会社、関連会社、関連機関において別の役職を保持してはならない。

第8項　法律で明確に承認されていない限り、選挙で選ばれるか任命を受けた公務員は、追加、二重、または間接的な報酬を受け取ってはならない。また、議会の同意なしに、いかなる外国政府からも報酬、役職、肩書を受けてはならない。年金または祝儀は追加、二重、または間接的な報酬とは見なされない。

C　選挙管理委員会

第1項　(1)選挙管理委員会は委員長と6人の委員で構成される。委員長や委員は生まれながらのフィリピン人であり、その任命時には少なくとも35歳で、大学の学位を取得しており、直前の何らかの選挙で候補者になってい

第9条B　第6項
　個人の立候補ではなく、政党を組織して政党リスト制度に登録し、比例代表候補になった者については、この規定の例外とされている。ドゥテルテ大統領の選挙戦に協力した恩賞人事で、大統領広報室次官補に抜擢された元著名セクシーダンサーのモカ・ウソン氏は、海外就労者を支援する少数者政党「AA－KASOSYO」を組織して2019年年5月の選挙に事実上の候補者として加わって落選したが、選挙から4カ月後の2019年9月に海外福祉庁副長官に政治任命されている。

ないことが条件になる。委員長を含むその過半数は、少なくとも10年間、法律の実務に従事しているフィリピン統合法律家協会のメンバーでなければならない。

(2)委員長および委員は、任命委員会の同意を得て、最長7年間の任命を受ける。任期は3人が7年間、2人が5年間、残りの者が3年間とする。再任はない。7年に満たずに任期を終えた者による欠員が生じて任命された者の任期は、7年から前任者の任期を引いた期間とする。いかなる委員も臨時または代理として任命または指名されることはない。

第2項　選挙管理委員会は、次の権限と機能を行使するものとする。

(1)選挙、国民投票、国民による議案提出とその投票、およびリコールの実施に関連するすべての法律と規制を施行および管理する。

(2)選挙区、州、および市の選挙、結果、および資格に関連するすべての争いに対して独占的な管轄権を行使する。また、選挙によって選ばれた地方自治体の公職者やバランガイ議長、議員をめぐる地方裁判所の裁判の決定に対し、控訴裁判権を持つ。控訴裁判における選挙をめぐる争いに対する選挙管理委員会の決定、命令、または裁定は最終的で上訴不可とする。

(3)投票権の有無を含む問題を除いて、投票所の数と場所の決定、選挙役員と検査官の任命、有権者の登録など選挙に影響するすべての問題の決定をする。

（4）大統領の同意を得て、自由で秩序を保ち、公正かつ平和的で、信頼できる選挙を確実にするために、軍を含む政府の法執行機関およびその手段を代行させる。

（5）政党、組織、連合は、自分たちの考える政府の基盤や計画を十分に公表した上で、選挙管理委員会に提示、市民のために登録する。宗教や宗派は登録できない。暴力や違法な手段によって目標を達成しようとする団体、この憲法を支持、遵守することを拒否する団体、または外国政府の支援を受けている団体も同様に登録を拒否される。選挙に関連して政党、組織、連合、または候補者への外国政府およびその機関からの金銭的貢献は、国政への外国の干渉となり、委員会への登録を取り消すための追加の根拠となる。法律で規定された罰則を課せられることもある。

（6）苦情または委員会自身のイニシアチブに基づいて、有権者であるか否かの判断を求める請願書を裁判所に提出できる。選挙をめぐる不正行為など選挙法違反の事例を調査し、必要に応じて起訴する。

（7）候補者などの宣伝資料が掲示される場所の制限など選挙支出を最小化し、あらゆる形態の選挙をめぐる犯罪、不正行為、および選挙民に迷惑をか

第9条C　第2項（5）
　ここに書かれているように大政党から少数者を代表する政党リスト制政党に至るまで、政党と認定する全権は選挙管理委員会が持つ。また（6）に定めているように刑事訴追権限も選挙管理委員会にはある。選挙管理委員会は選挙に関して実に広い権限を持っている。

ける候補者を防止および罰するため、議会に効果的な措置を推奨する。

（8）大統領に対し、命令に違反や不服従などをした不適格な職員の排除を進言できる。また、職員に対する懲戒を代行できる。

（9）選挙、国民投票、議案提出投票またはリコールの実施に関する包括的な報告書を大統領および議会に提出する。

第3項　選挙管理委員会は、全体会議または2つに分かれた会議によって、論争を含む選挙案件の処理を迅速にするための規則を公布する。案件に対する決定が選挙管理委員会全体によるものでない場合、決定への異議申し立を受けた再審議は全委員会で行う。

第4項　委員会は選挙期間中、公共交通機関やその他の公益事業、通信、情報およびコミュニケーション媒体、すべての助成金、特別な恩恵、政府が認めた例外措置などを認めるかどうか監督し、規制することができる。政府、または政府が所有・管理する企業、その子会社を含む関連企業、機関についても監督または規制することができる。その目的は自由かつ秩序ある公正で信頼できる選挙を実施するためであり、候補者の情報公開キャンペーンおよび集会に対し、平等な機会、時間、空間、合理的で等しい料金を提供するためとする。

第5項　大統領は選挙管理委員会の勧告なしに選挙法違反者に対する恩赦、特赦、仮釈放、または刑期の猶予を認めることはできない。

第6項　自由で開かれた政党システムは、人々の自由な選択に従って発展させることができるが、本条の各規定には従わなければならない。

第7項　政党、組織、または連合に投じられた票は、この憲法に規定されている政党リスト制に基づいて登録された政党、組織、連合以外は無効である。

第8項　政党、または政党リスト制に基づいて登録された組織または連合は、有権者登録委員会、選挙監視委員会、選挙管理委員会、またはその他の同様の機関に代表を送ってはならない。ただし、彼らは法律に従い、投票立会人を任命する権利を有するものとする。

第9項　選挙管理委員会が特別な場合に別途規定を定めない限り、選挙期

第9条C　第9項
　選挙期間は選挙終了後30日後までと長く定められている。これは87年憲法起草当時はネットもない時代で、全国で投票された大統領選挙集計に1カ月余かかった時代状況を反映している。現在は大統領選や上下両院選の結果も選挙の翌日には大勢が判明、僅差の票争いがない限り、数日内に確定するようになった

間は選挙日の90日前から選挙日の30日後までとする。

第10項　善意ある公職候補者は、いかなる形態の嫌がらせや差別も受けないものとする。

第11項　定例および特別な選挙、国民投票、議案提出投票、およびリコールなどを実施するための費用を賄うために選挙管理委員会によって認定された予算は、定例または特別議会において承認されれば、選挙管理委員会委員長によって自動的に執行される。

D　監査委員会

第1項（1）監査委員会は委員長と2人の委員で構成される。委員長および委員は生まれながらのフィリピン人であり、その任命時に少なくとも35歳以上で、10年以上の経験を持つ公認会計士または10年間以上法律の実務に従事しているフィリピン統合法律家協会の会員であることが求められる。任命直前の選挙で候補者であった者は任命されない。委員会のメンバーは別々の職業から選ばれなければならない。

（2）監査委員長および委員は、任命委員会の同意を得て7年を基本任期として任命される。ただし、任期7年とするのは委員長のみで、1人目の委員は任期5年間、2人目の委員は任期3年間とし、いずれも再任なしとする。委員が任期を終えた後の欠員を補う任命は、7年から前任者の任期を引いた年数を任期とする。委員長、委員とも臨時または代理として任命または指名されることはない。

第2項（1）監査委員会は、政府の歳入、受領金、および支出に関連するすべての勘定を調査、監査する権限、および義務を負う。調査、監査の対象には、独自の規則を持つ政府管理下の企業、その関連企業、機関も含まれる。ただし（a）憲法上の機関、委員会などには、この憲法に基づく財政自治権が付与されている。一方（b）州立大学（c）その他の政府所有または管理下の企業とその子会社は調査、監査の対象となる。（d）政府または認可機関から直接または間接的に、助成金または資本を受け取る非政府組織は、認可機関が助成金や資本について監査を行う。監査対象機関の内部統制システムが不十分な場合、監査委員会は、欠陥を是正するための特別な監査を一時的に行うこともある。監査委員会は政府の一般会計記録を保管し、法律で定められた期間、領収書など関連書類を保存しなければならない。

（2）監査委員会は、本条の制限に従い、監査と審査の範囲を定義し、そのために必要な技術と方法を確立し、不正防止のため会計および監査の規則を公布する独占的な権限を有する。政府資金、基金の不正な支出、不必要な支出、過度、贅沢な支出、または良心的ではない支出を禁止する。

第3項　政府または公的企業の実体を隠ぺいしたり、公的資金の投資先を偽装して監査委員会の管轄権から逃れる法律を制定してはならない。

第4項　監査委員会は、法律で定められた期間内に、政府、政府の部局、機関、および政府が所有または管理する企業の財政状態と運営状況について年次報告書を大統領および議会に提出する。監査の対象となる非政府組織については、その有効性と効率を改善するために必要な措置も推奨する。また、法律で義務付けられているその他の報告も大統領および議会に提出する。

第10条　地方自治体一般規定

第1項　フィリピン共和国の領土および政治的区分は、州、市、町、およびバランガイとする。コルディエラ地方とイスラム教徒の多いミンダナオには、以下に示すような自治区を置く。

第2項　地域的および政治的区分によって、地方自治は享受される。

第3項　議会は、地方自治体に関する法令を制定し、地方自治体の構造を提供し、地方分権のシステムを通じて効果的なリコール、国民による議案提出、国民投票のメカニズムを確立し、さまざまな地方自治体の単位に権限を割り当てる。議会はまた、各自治体に責任、人材、資格、選挙、任命と解任、任期、給与、権限、地方公務員の職務と義務、および地方組織の運営に関するその他すべての裁量権を渡す。

第4項　大統領は、地方自治体を統括的に監督する。州は構成する市や町、市や町は構成するバランガイに対し、その活動が規定された権限および機能の範囲内であることを確認する必要がある。

第10条
　第1項および第15項で、イスラム教徒の多いミンダナオと少数民族の多いルソン島コルディエラに自治区の設立を定めている。イスラム教徒自治区をめぐっては、バンサモロ基本法に従い、遅くとも2025年までにイスラム自治政府の発足が決まっているが、コルディエラ自治区については、1989年10月に制定された自治法は、90年1月の住民投票で過半数を得られず否決。97年12月に制定された2回目の自治法も98年3月の住民投票で否決され、コルディリエラ自治区は成立していない。

第5項　地方自治体はそれぞれの単位に応じて独自の収入源を作り出す。地方自治の基本的な方針と議会が提供するようなガイドラインおよび制限に従い、税金、手数料、および料金を徴収する権限を有する。そのような税金、手数料、料金徴収は地方自治体のみが権利として持つ。

第6項　地方自治体は、法律の定めに従い、国税から公正にその分配を受ける。

第7項　地方自治体は、法律で定められた方法で、それぞれの地域における国富の利用と開発の収益を公平に分かち合う権利を有する。

第8項　法律により決定されるバランガイ議長、議員らを除いて、地方自治体の選挙で選ばれる公職者の任期は3年であり、そのような公職者は連続3期を超えて務めてはならない。任期中の自発的な辞任は、残りの任期にかかわらず、1期務めたとみなす。

第9項　地方自治体の立法機関は、法律の規定に従い、部門ごとの代表を持たなければならない。

第10項　州、市、町またはバランガイは、直接影響を受ける住民投票で過半数の同意を得ない限り、創設、分割、統合、廃止、またはその境界を大幅に変更することはできない。

第11項　議会は、本条10項に規定されている住民投票に従い、特別な都市圏を政治的単位として創設することができる。都市圏を構成する都市および地方自治体は、基本的な自治権、独自の執行部門、地方議会を維持する。都市圏の権限は調整機能に限定される。

第12項　高度に都市化された市は州から独立した選挙区となり、所属する州の選挙区選挙に投票できない。独立した選挙区を持たない州内の都市の有権者は、州内の選挙区で投票する権利を奪われない。

第13項　地方自治体は、有益な目的のために自らをグループ化し、法の規定に従い、共通の利益のために、その取り組み、サービス、および人材を統合または調整することができる。

第14項　大統領は、地方自治体の自治を強化する目的で、地方自治体の職

第10条　第12項
「高度に都市化された市」は特別市と呼ばれ、人口が25万人以上であることが原則とされている。アンヘレス市、オロンガポ市、セブ市、ダバオ市、サンボアンガ市など2020年10月現在、全国に33の特別市がある。

員、政府の地方部局、ならびに地方の非政府組織の代表者で構成される地域開発評議会または同様の組織を想定することができる。その目的には地域の経済的、社会的成長を加速させることが含まれる。

自治区

第15項　イスラム教徒のミンダナオとコルディリエラを構成する州、市、町に自治区を創設する。その目的は共通かつ特有の歴史的文化的遺産、経済的および社会的構造、関連した特徴を共有するためである。ただし、自治区は憲法の枠組みと国家主権、およびフィリピン共和国の領土保全の範囲で定められる。

第16項　大統領は、法律が忠実に実行されることを保証するために、自治区に対して一般的な監督権を行使する。

第17項　この憲法または法律によって自治区に付与されないすべての権限、機能、および責任は、中央政府に帰属する。

第18項　議会は、多部門の候補者リストから大統領が任命した代表者で構成される地域諮問委員会の支援と参加を得て、各自治区の基本法を制定する。基本法は、行政部門と立法議会からなる自治区政府の基本構造を定義するものであり、どちらも選挙によって選ばれ、構成する政治単位を代表するものでなければならない。同様に、基本法は、この憲法および国内法の規定に一致する個人、家族、および財産に関する管轄権を持つ特別裁判所を定める。

自治区の創設は、対象となる住民の過半数の賛成によって承認された場合に有効となる。ただし、住民投票の実施自体に賛成しない州、市、および地理的地域は自治区に含まれない。

第19項　この憲法に基づいて選出された議会は、両院設立時から18か月以内に、イスラム教徒のミンダナオとコルディリエラの自治区のための基本法を通過させるものとする。

第20項　管轄区域内で、この憲法および国内法の規定に従い、自治区の基本法は以下に関する立法権限を持つ。

(1)行政組織
(2)収入源の確保
(3)祖先の領地と天然資源。

(4)個人、家族、および財産規定
(5)地域の都市と農村の計画開発。
(6)経済、社会、観光開発
(7)教育政策
(8)文化遺産の保存と開発。
(9)地域の人々の一般的な福祉促進のために法律で認められるその他の事項。

第21項　自治区内の平和と秩序の維持は地方警察の責任とする。地方警察は適用される法律に従って組織され、維持され、監督され、利用される。地域の防衛と安全保障は国の責任である。

第11条　公務員の責任

第1項　公職は、公的信託である。公務員は常に人々に対して責任を負い、最大限の責務を自覚し、誠実さ、忠誠心、効率性をもって国民に仕え、愛国心と正義をもって行動し、慎ましい生活を送らなければならない。

第2項　大統領、副大統領、最高裁判所の裁判官、憲法が定める委員会の委員、および行政監察院職員は、弾劾裁判によって罷免される。また、悪質な憲法違反、反逆罪、贈収賄などの汚職、その他重大犯罪、公共の信頼を裏切る行為によって有罪となった場合も解任される。他の公職者は法の規定によって解任されるが、弾劾裁判の対象にはならない。

第3項　(1)下院は、すべての弾劾訴訟を開始する独占的な権限を有する。

(2)弾劾に向けた申し出は、任意の下院議員、または任意の下院議員が承認した市民によって提出することができる。提出された申し出は、会期中10日以内に議事日程に組み込まれ、審議される。審議後、会期中3日以内に適切な委員会を指定し、聴聞会などを行う。その委員会はメンバーの過半数の承認によって、60日以内に報告書とそれに対応する決議を下院本会議に提

第11条　第2項、第3項
近年の弾劾裁判の例には、フィリピン伝統の賭博フエテンに絡んだ不正蓄財によりエストラダ大統領が弾劾裁判にかけられた後（結果は否決）、ピープルパワー2とも呼ばれる人民蜂起によって2001年1月に退陣に追い込まれたほか、2012年5月、コロナ最高裁長官が弾劾裁判にかけられ、上院の3分の2の賛成で議決され、罷免された例がある。

出する。下院の決議は、その報告書を受けてから会期中10日以内に行われる。

（3）下院全議員の少なくとも3分の1の投票が、弾劾告発書を承認するかその反対決議を無効にするのに必要である。全議員の投票は記録されるものとする。

（4）弾劾をめぐる申し立てが確認され、下院議員の少なくとも3分の1によって承認された場合、弾劾条項を満たすものとし、上院による弾劾裁判が直ちに行われる。

（5）1年以内に同じ公職者に対して弾劾手続きを2回以上開始してはならない。

（6）上院は弾劾のすべてのケースを審査し、可否を決定する唯一の権限を持つ。その目的のために上院議員は宣誓または確約しなければならない。大統領が弾劾裁判にかけられているときは、最高裁判所長官が議長を務めるが、投票してはならない。弾劾裁判では、上院議員全員の3分の2の同意を得ずに有罪判決を受けることはない。

（7）弾劾裁判の判決は、公職者らの罷免または解任だけを決めるが、罷免、解任された当事者は、法に基づく訴追、裁判、および処罰の対象となる。

（8）議会は弾劾に関する規則を公布して、この項の目的を効果的に実行する。

第4項　従来の「サンディガンバヤン」として知られている公務員特別裁判所は、今後も引き続き機能を有する。同裁判所の規定については今後、法によって定められる。

第5項　公務員に関する苦情を受け付ける「タノドバヤン」として知られてきた行政監察院は、ルソン、ビサヤ、ミンダナオの各地域にそれぞれに1人の総代理と少なくとも1人の代理で構成されるオンブズマンの独立した事務所を持つ。高位の軍人に関する苦情を扱う場合は別の代理が任命されることもある。

第6項　行政監察院事務局の職員は公務員法に従ってオンブズマンが任命する。

第7項　既存のタノドバヤンは今後、特別検察庁として再編される。この憲法に基づいて創設された行政監察院事務局に付与された権限を除き、今後も機能を維持し、その権限を行使する。

第8項　行政監察院長および院のメンバーは、生まれながらのフィリピン

第11条
　第5項以下で、公務員の汚職や怠慢、非効率性を調査摘発する行政監察院（オンブズマン）についての詳細を定めている。最近では行政監察院がコロナ禍における保健省の問題を調査中と報じられている。

人であり、その任命時に40歳以上であり、清廉で独立性が認められるフィリピン統合法律家協会のメンバーでなければならない。直前の選挙における任意の選挙区から出馬した候補者は任命されない。行政監察院長は10年以上、裁判官であるかフィリピンで法律の実務に従事している必要がある。行政監察院長代理にも本憲法9条2項の規定が適用される。

第9項　行政監察院長と院のメンバーは、司法法律評議会が作成した少なくとも6人の候補者のリストと、その後の欠員ごとに3人の候補者リストから大統領が任命する。任命には承認を必要としない。欠員補充は3カ月以内に行わなければならない。

第10項　行政監察院長と院のメンバーは、それぞれ憲法下の委員会委員長、委員と同等の地位とし、同じ給与を受け取り、任期中に減額されない。

第11項　行政監察院長と院のメンバーは、再任なしで7年間の任期を務める。彼らは、その地位から離職した直後に選挙に出馬する資格はない。

第12項　行政監察院長と院のメンバーは、国民の保護者として、政府の公職者、公務員、政府が所有または管理している組織、機関等に対して有効な方法で提出された苦情に迅速に対処する。それに対しての講じた措置および結果は申立人に通知する。

第13項　行政監察院事務局は、以下の権限、機能、および義務を負う。

（1）公職者、公務員、公的機関の行為または不作為が違法、不当、不適切、または非効率的であると思われる場合は独自に、または個人からの苦情に基づいて調査を行う。

（2）公職者、公務員、またはその下位区分組織、機関、ならびに政府が所有または管理している企業に関する苦情があった場合は調査し、義務遂行における乱用または不適切な行為があれば停止、防止、修正するよう促す。

（3）関係する管理監督者を通じて問題ある公職者または公務員に対して適切な措置を講じるよう指示し、彼らの解任、職務の一時停止、降格、罰金、または訴追等を提言し、その遵守を確保する。

（4）関係する管理監督者に対し、法律で定められた制限が適用される場合は、公的資金の支払いまたは使用を含む当該組織、機関が締結した契約または取引に関する文書のコピーを提出するよう指示し、適切な行動を促すために監査委員会に問題点を報告する。

（5）政府機関にその責任を果たすために必要な支援と情報を要請することができる。必要に応じて関連する記録と文書を調査することもできる。

（6）調査対象となった事項を状況が妥当である場合は十分な慎重さをもって公表する。

（7）政府の非効率、官僚主義、管理ミス、不正行為、および汚職の原因を特定し、それらを排除し、高い水準の倫理と効率を遵守するよう勧告する。

（8）手続規則を公布し、法律で規定されているその他の権限、機能、義務を実行する。

第14項　行政監察院事務局は、財政的自治を享受する。承認された年間予算は自動的かつ定期的に歳出される。

第15項　公職者または公務員が不正に取得した資産を本人またはその譲受人から回収する国の権利は、時効、放置規定、禁反言の法などによって禁じられてはならない。

第16項　大統領、副大統領、閣僚、上下両院議員、最高裁判所裁判官、憲法下の委員会メンバー、行政監察院職員、または在任中に彼らが支配権を有する任意の企業または団体は、直接的または間接的であれ、政府が所有または管理する銀行および融資機関から、商業目的のためのいかなるローン、保証、またはその他の形態の融資を受けてはならない。

第17項　公職者または公務員は、就任時およびその後、法律で定められた頻度で、その資産、負債、および純資産を宣誓して申告、提出する。大統領、副大統領、内閣のメンバー、上下両院議員、最高裁判所裁判官、憲法下の委員会など憲法が定める機関、ならびに国軍の将校の資産、負債、および純資産は、法の規定に従って公開される。

第18項　公職者および公務員は、常に国および本憲法への忠誠の義務を負っている。在職中に国籍変更や他国への移民の地位を取得しようとする公職者または公務員については、法の規定に従って取り扱われる。

第11条　第17項
「法の規定に従って公開される」とあり、市民らの請求に応じて広く公開されてきたが、2020年9月以降行政監察院は同院自らの請求、裁判所の命令、公開対象者本人の同意がない場合は公開しないとした。これにフィリピンのメディアが批判を浴びせている。

第12条　国の経済と財産

第1項　国の経済の目標は、機会、収入、富のより公平な分配である。さらに、国民の利益のために国が生産する商品とサービスの量の持続的な増加である。そして、すべての人々、特に恵まれない人々の生活の質を高めるための鍵は生産性の向上である。

国は、健全な農業の発展と農地改革を基盤に置きつつ、人的資源と天然資源を効率的に利用し、さらには国内外での市場で競争力のある産業を育成し、工業化と完全雇用を目指す。国はフィリピンの企業を不公正な対外競争および貿易慣行から保護する。

これらの目標の追求において、経済のすべてのセクターと国のすべての地域は発展するための最適な機会を与えられるものとする。企業、協同組合、および類似の集団組織を含む民間企業は、その株式所有権の基盤を拡大することが奨励される。

第2項　すべての公有地、水、鉱物、石炭、石油、その他の鉱物油、潜在的なエネルギー、漁業資源、森林および木材、自然、動植物、およびその他の天然資源は、国の所有とする。農地を除いて、他のすべての天然資源は譲

第12条

第2項、第10項、第11項において資源採掘、公益事業など特定の事業はフィリピン人が資本の60％以上を持つ企業にしか認めないとする外資規制を定めている。ただし、近年、外資規制の見直しによって資本比率や初期投資額の下限などは徐々に下がりつつある。

２０２１年１月現在、外国投資誘致のため本条第２項、第3項、第7項、第10項、第11項の改正が下院で審議されている。

渡されてはならない。天然資源の探査、開発、および利用は、国の完全な管理および監督下に置く。国はそのような活動を直接行うか、フィリピン人、または資本の60パーセント以上がフィリピン人によって所有されている企業や団体と共同開発、ジョイントベンチャー等の契約を結ぶことがある。そのような契約は、法律が定める条件に従い、25年を超えない期間で結ばれ、25年を超えない期間まで更新可能とする。水力発電以外の灌漑、給水、漁業、または産業利用のための水利権については、制限される場合がある。

国は、群島の水域、領海、および排他的経済水域で国の海洋資源を保護し、フィリピン国民のみが、それを利用、享受する。

議会は、法律により、フィリピン人による天然資源の小規模利用、ならびに協同的な養殖事業を川、湖、湾、およびラグーンでの自給自足の漁民らに優先して許可することができる。

大統領は、国の経済成長と総合的な福祉への貢献など法が定める条件の下に、鉱物、石油、およびその他の鉱油の大規模な探査、開発、利用に関する技術的または財政的支援を含む外資系企業と協定を結ぶことができる。そのような合意において、国は、地域の科学的および技術的資源の開発と利用を促進する。

大統領は、この規定に従って締結されたすべての契約について、30日以内に議会に通知するものとする。

第3項　公有地は、農地、森林、鉱物資源地、国立公園に分類される。公有地の農地は、その用途に応じて、法律によってさらに分類される場合がある。公有地の保有許可は農地に限定される。民間企業または協同組合は公有地を保有することはできないが、千ヘクタールを超えない土地を25年を超えない期間で借地として利用することはできる。この契約は25年を超えない範囲で更新を可能とする。フィリピン人は、500ヘクタール以下の公有地を借地として利用することと、12ヘクタール以下の公有地を家や農園用に購入することができる。

議会は生態系保護と開発の両面を考慮し、農地改革の要件に従い、取得、開発、保有、または借地できる公有地の大きさと条件を法律で定める。

第4項　議会は、森林と国立公園の具体的な制限をできるだけ早く法律で決定し、地上の境界を明確に示すものとする。その後、そのような森林地帯と国立公園は保護されなければならず、法律で認められる場合を除いて、拡大または縮小することはできない。議会は、消滅の危機に瀕した森林や流域での伐採を禁止する措置を講じなければならない。

第5項　この憲法の規定と国の開発政策に従い、先住民文化コミュニティの祖先の土地に対する権利を保護し、経済的、社会的、文化的福祉を確保するものとする。

先住民の土地所有権と範囲を決定する際に、議会は、財産権等を定める慣習法の適用性を規定する場合がある。

第6項　財産の利用には社会的機能があり、すべての経済主体は公益に貢献するものとする。企業、協同組合、および類似の組織を含む個人および私的グループは、分配的正義を促進し、公益が要求するときに国が介入する義務があることを認めた上で、所有、設立、運営する権利を有する。

第7項　世襲的継承の場合を除き、私有地は、公有地を取得または保有する資格のある個人、企業、または団体にのみ譲渡される。

第8項　本条第7項の規定にかかわらず、フィリピン国籍を失った元フィリピン人は、法律で定められた制限に従い、私有地の譲受人となることができる。

第12条　第7項
フィリピンは外国人の土地所有を原則として認めていない。外国人が保有できるのはコンドミニアムなど高層住宅の区分所有だけとされている。ただし、外国人居住者を多く招く意図で建設されたサブディビジョンと呼ばれる住宅街のタウンハウスについては、所有が認められる場合もある。私有財産相続についても、相続権はフィリピン人に限られる。たとえば、外国人が比人の妻を持ち、妻が財産を残して死亡した場合、外国人の夫に土地の相続権はない。夫婦の間の子には相続権がある。

第12条　第8項
二重国籍が認められていなかった時代を反映した規定で、国籍を放棄した元フィリピン人にも私有地の所有権を認めた規定。

第9項　議会は、大統領を長とする独立した経済計画機関を設立することができる。その機関は、適切な公的機関、さまざまな民間部門、地方自治体と協議した後、議会に勧告し、継続的かつ統合された国家開発のための政策の実施を提言する。議会がこれを別途規定するまで、国家経済開発庁は政府の独立経済計画機関として機能する。

第10項　議会は、経済計画機関の勧告に基づき、国益が要求する場合、投資の特定領域をフィリピン人、またはフィリピン人が資本の少なくとも60％以上を所有する企業または団体に留める。議会はその所有の割合を規定し、資本がフィリピン人によって完全に所有された企業の形成と運営を奨励する措置を制定する。

国家経済と財産に関連した権利、特権、譲歩の付与において、国はその資格があるフィリピン人を優先する。

国は、その目標と優先順位に従って、外国投資に対する規制を行使するものとする。

第11項　公益事業の運営に関する独占権や許認可は、フィリピン人、またはフィリピン人がその資本の少なくとも60％を持つ企業、団体以外には付与されない。そのような企業、団体も独占権や許認可が50年を超える期間にわたって排他的に付与されてはならない。独占権や許認可は、議会による修正、変更、または廃止の対象となることがある。国は、公益事業への公平な参加を奨励するものとする。公益事業の運営組織への外国投資家の参加は、その資本比率に制限されるものとし、そのような企業または団体のすべての執行役員および管理役員は、フィリピン人でなければならない。

第12項　国は、フィリピン人労働者、国内資材、地産品の優先的な使用を促進し、競争力を高めるための措置を採用する。

第13項　国は、全般的な福祉に役立つ貿易政策を追求し、平等と相互主義に基づいた取り決めを利用する。

第14項　フィリピンの科学者、起業家、専門家、管理職、ハイレベルな技術者、およびすべての分野の熟練労働者からなる国家的才能蓄積の持続的な発展は、国によって促進されなければならない。

国は有効な技術を奨励し、国の利益のためにその移転を規制するものとする。フィリピンでのすべての職業訓練の担い手は、法律で規定されている場合を除き、フィリピン人に限定される。

第15項　議会は、社会正義と経済発展のための手段として協同組合の可能性を広げ、成長を促進するための機関を創設する。

第16項　議会は、一般法による場合を除き、民間企業の形態、組織、社内規則に関連する法を制定してはならない。政府が所有または管理する企業は、共通の利益のため、経済的実行性を検証した上で特別な憲章によって設立することができる。

第17項　国の緊急事態が発生した場合や公共の利益により必要とされる場合、国は、定められた合理的な条件の下で、公共の利益が影響を受ける民間による公益事業の運営を一時的に引き継ぎ、指示することができる。

第18項　国は、国の福祉または防衛のために、重要産業を設立して運営し、支払い額に応じて、公共事業会社や政府が運営するその他の企業に譲渡することができる。

第19項　国は、公共の利益のため、独占を規制または禁止するものとする。貿易の制限によって競争を不公正なものにすることは認めない。

第20項　議会は、独立した中央通貨当局を設立する。その理事会のメンバーには、誠実さ、および愛国心が求められ、メンバーの過半数は生まれながらのフィリピン人でなければならない。法律で規定されているその他の資格条項もメンバーには適用される。中央通貨当局は、通貨、銀行、信用の分野で政策の方向性を提供する。銀行の業務を監督し、同様の機能を果たす金融会社やその他の機関の業務に関して法律に従って規制力を行使する。

議会が別段の規定をしない限り、フィリピン中央銀行は、既存の法律の下で運営され、中央金融機関として今後も機能する。

第21項　外国からの融資は、法律および金融当局の規制に従ってのみ受けることができる。政府が取得または保証する外国からの融資に関する情報は、一般に公開される。

第22項　本条の規定のいずれかを回避または否定する行為は、国の利益に反するものとみなされ、法律の定めに従い、刑事および民事制裁の対象となる。

第13条　社会正義と人権

第1項　議会は、公益のため、富と政治的権力を公平に分配することによりすべての人々の人間の尊厳に対する権利を保護および強化し、社会的、経済的、および政治的不平等を軽減し、文化的不平等を取り除く措置の制定を最優先課題とする。この目的のために、国家は、資産、取得、所有、使用、処分を規制する。

第2項　社会正義の促進には、主導性の自由と自立に基づく経済的機会を創出する取り組みが含まれる。

〈労働〉

第3項　国は、国内および海外の労働者を、組織化されているか、されていないかに関わらず全面的に保護し、完全雇用とすべての人の雇用機会の平等を促進する。

国は、すべての労働者の自己組織化、団体交渉を含む交渉、法律に従った平和的なストライキをする権利を保証する。

労働者は、在職期間の確保、人道的な労働条件、および生活賃金を受け取る権利を有する。

労働者は法律の定めに従い、その権利と利益に影響を与える政策と意思決定プロセスに参加できる。

国は、労働者と雇用者との間で責任を分担する原則を促進する。また、紛争の解決における自発的手段の優先的適用を促進する。産業の平和を推進するために両者の法令順守を強化する。国は労働者と雇用者の間の関係を規制し、生産の成果を公正に分かち合う労働者の権利と、企業が投資による妥当な利益を得て拡大と成長する権利を認める。

〈農地および天然資源改革〉

第4項　国は、法律の定めに従い、土地を持たない農民や農場労働者が自分たちが耕作する土地を直接的に所有したり、集団で間接的に所有したりすることで、農業生産の成果を分かち合えるよう農地改革に着手する。この目的のために、国は、議会が規定する優先順位と合理的な土地保有制限や補償金の支払いを条件として、生態系や開発に配慮した上で、すべての農地の公正な分配を奨励し、実施する。保有期限を決める際には、国は小規模地主の権利を尊重する。国はさらに自発的な土地共有のためのインセンティブを提供する。

第5項　国は、農民、農場労働者、土地所有者、協同組合、およびその他の独立した農民組織の権利を認識し、農業計画における組織およびプログラムの管理に参加する権利を認める。また、適切な技術や研究、十分な融資を通じて、生産やマーケティングを支援する。

第6項　国は、法の定めに従い、天然資源の配分または利用、農地として利用可能な公有地のリース、小規模な入植者の家産に対する権利、先住民コミュニティの祖先の土地への権利において、農地改革または管理者の原則を適用する。

国は、法の定めに従い、農地の中に、土地を持たない農民と農場労働者を再定住させることができる。その農地は、法律で定められた方法で彼らに分配される。

第7項　国は、陸地内および海洋において生計を立てる漁民とその地方コミュニティに対し、海洋および漁業資源の優先的利用の権利を保護する。また、適切な技術や研究、十分な融資を通じて、生産やマーケティングを支援する。国はまた、そのような漁場資源を保護、開発、保全しなければならない。そこには、外国人の侵入に対する沖合漁場の保護も含まれる。漁業労働者は、海洋および漁業資源の利用において、労働に応じた公正な分配を受け取るものとする。

第8項　国は、農地所有者に対し、農地改革プログラムの収益を投資して、工業化、雇用創出、および公営企業の民営化を促進するインセンティブを提供する。農地所有者への土地代支払いに使われた金融商品は、選択した企業の資本として認められる。

〈都市の土地改革と住宅〉

第9項　国は、法律により、公益のために、公共セクターと協力して、都市の土地改革と住宅提供の継続的なプログラムを実施する。その住宅は社会的基準から見て妥当な品質であり、都市部や再定住地において恵まれない人々や家を持たない住民が購入可能な価格でなければならない。さらにそのような人々には適切な雇用機会を与えることを促進する。これらのプログラムの実施において、国は小規模な財産所有者の権利を尊重する。

第10項　法律に従った公正で人道的な方法以外で、都市部または農村部の貧しい住民を立ち退かせたり、住居を破壊したりしてはならない。

都市または農村部の住民の再定住は、彼らおよび移転先のコミュニティとの適切な協議なしに行われない。

〈健康〉

第11項　国は、国民の健康促進のため、統合的かつ包括的なアプローチを採用し、すべての人々が手頃な価格で必要な医薬品、健康のための社会的サービスを利用できるようにする。その際は、恵まれない病人、高齢者、身体障害者、女性、子供らが必要とするものを優先しなければならない。国は、貧困層に無料の医療を提供するよう努めなければならない。

第12項　国は、効果的な食品と医薬品の規制システムを確立して維持し、さらには適切に医療人材の育成と研究に着手し、国民の健康ニーズと諸問題に対応しなければならない。

第13条　第10項

これはスクウォッター（土地の違法占拠者）にも適用されている規定で、他国ではあまり例のない人道的規定だが、都市部を中心に地主とのトラブルも頻発している。

第13項　国は、リハビリテーション、自己啓発、自立、および社会の主流への統合を目的に、障害者のための特別機関を設立する。

〈女性〉

第14項　国は、安全で健康的な労働条件を提供し、働く女性を保護しなければならない。その際は母性機能を考慮し、福祉施設や機会を整え、国全体への奉仕における女性の潜在能力の自覚を促がさなければならない。

〈組織の役割と権利〉

第15項　国は、民主的枠組みの中で人々が平和的かつ合法的な手段を通じて、適法かつ集団的な利益と願望を追求、保護することを可能にする独立した人々の組織の役割を尊重するものとする。人々による組織とは、公益を促進する確かな能力と、特定可能なリーダーシップ、メンバーおよび組織構造を持つ市民による誠意ある団体を指す。

第16項　社会的、政治的、経済的意思決定のすべてのレベルでの効果的かつ合理的な参加に対する人々とその組織の権利は、矮小化されてはならない。国は、法律により、適切な協議メカニズムの確立を促進するものとする。

〈人権〉

第17項　（1）本憲法により、独立した人権委員会との名の組織が創設される。

（2）委員会のメンバーは、生まれながらのフィリピン人でなければならず、その過半数は法律家協会のメンバーでなければならない。委員長と委員4人で構成される。委員会のメンバーの任期およびその他の資格と制限は、法律によって定められる。

（3）この委員会が構成されるまで、既存の人権委員会は、現在の機能と権限を引き続き行使する。

（4）委員会に対する承認された毎年の予算は、自動的かつ定期的に歳出される。

第18項　人権委員会は、以下の権限と機能を有する。

（1）自発的に、または当事者からの苦情により、市民的および政治的権利を含むあらゆる形態の人権侵害を調査する。

（2）その運用ガイドラインと手順規則を採用しつつ、裁判所の規則に従って違反者を召喚する。

（3）フィリピン国内のすべての人と外国に居住するフィリピン人の人権

第13条　第17項

第17項、第18項で独立した機関としての人権委員会を設置。ただし、第9条で定めている憲法上の委員会よりは格付けは下で、任命も大統領の裁量に委ねられている。

を保護するための適切な法的措置を提供し、人権が侵害されている人、保護が必要な恵まれない人々に予防措置と法的支援サービスを提供する。
（4）拘置所、刑務所、収容所に対する訪問の権利を行使する。
（5）人権の優位性尊重を高めるために、継続的な研究、教育、情報プログラムを確立する。
（6）人権を促進し、人権侵害の犠牲者またはその家族に補償を提供するため議会に効果的な措置を推奨する。
（7）政府の人権に関する国際条約の義務の遵守を監視する。
（8）委員会が直接またはその権限の下で行う調査において、真実を判断するために必要な証人や文書などの証拠を所持している人に、刑事免責を付与する。
（9）国の省庁、部局、機関に機能の遂行のための支援を要請する。
（10）法の定めに従い、幹部職員、一般職員を任命する。
（11）法律で規定されているその他の義務および機能を実行する。

第19項　議会は、人権委員会の判断を考慮しつつ、委員会の権限の範囲に含まれるべき他の人権侵害事案について、委員会管轄として案件を提供することができる。

第14条　教育、科学技術、芸術、文化、スポーツ

〈教育〉

第1項　国は、すべての市民があらゆるレベルで質の高い教育を享受する権利を保護および促進し、すべての人が教育を受けられるよう適切な措置を講じる。

第2項　(1) 国は人々と社会の要望に関連する適切な統合教育システムを確立、維持し、支援する。

(2)国は小学校から高校までの無償の公教育システムを確立し、維持する。親が子供を育てる自然な権利を制限することなく、初等教育はすべての学齢期の子供に義務付けられる。

(3) 国は奨学金、学生ローン、助成金、その他のインセンティブのシステムを確立して維持する。

(4) 国は、非公式な学習システムおよび先住民の学習システム、自己学習、独立学習、および学校外の学習プログラム、特に地域コミュニティの要望に対応するシステムを奨励する。

(5) 国は成人した一般市民、障害者、学校外での若者を対象に、公民教育、

職業訓練、技術訓練の場を提供する。

第3項（1）すべての教育機関は、カリキュラムの一部として憲法の学習を含めるものとする。

（2）すべての教育機関は愛国心とナショナリズムを教え、人類愛を育み、人権を尊重し、国の歴史的発展における国民的英雄の役割を評価し、市民的な権利と義務を教える。倫理的および精神的価値を強化、発展させる道徳的な性格と個人的な規律、批判的で創造的な思考を奨励し、科学的および技術的知識を広げ、職業訓練を促進する。

（3）両親または保護者が書面で表明した選択により、宗教は、宗教当局によって指定または承認された指導者によって、通常の授業時間内に公立小学校から高校までの子供または未成年者に教えることが許可される。ただし、その費用を政府は負担しない。

第4項（1）国は、教育システムにおける公的機関と民間機関の相互補完的な役割を認識し、すべての教育機関の合理的な監督と規制を行使する。

（2）宗教団体および宣教団によって設立された以外の教育機関は、フィリピン人、または資本の少なくとも60パーセントがフィリピン人によって所

第14条　第3項（2）「すべての教育機関は愛国心とナショナリズムを教え」。ここでも愛国心、ナショナリズム教育が強調されている。

有されている企業または協会のみに所有が認められる。議会は、すべての教育機関へのフィリピン人のより高い資本保有率を求めることができる。教育機関の管理・運営はフィリピン国民が行う。外国人専用の教育機関を設立することはできない。また、外国人のグループが、学校への入学者の3分の1以上を占める教育機関も認めない。ただし、外国の外交要員とその扶養家族のために設立された学校、および法律で別段の定めがない限り、他の外国人一時滞在者の学校に対し、この規定は適用されない。

（3）非株式、非営利の教育機関のすべての収益と資産は、教育目的に実際的、直接的に、そして排他的に使用される限りにおいて、税金および関税を免除される。そのような機関、団体が解散または活動を終了すると、その資産は法律で定められた方法で処分される。共同所有を含む独自の教育機関も同様に、配当の制限や再投資の準備などを条件に、法律の定めに従い、税金や関税の免除を受けることができる。

（4）法律で定められた条件に従い、実際的、直接的に、教育目的にのみ使用されるすべての助成金、譲渡、寄付等は非課税とする。

第5項（1）国は、地域および特定部門のニーズを考慮し、教育政策およびプログラムの開発において地域計画を奨励するものとする。

第14条　第4項

民間教育機関について資本の60％を比人が所有していなければならないとし、外国人が入学者の3分の1を占める教育機関も認めないという厳しい制限を課している。ただし、外国の外交要員とその扶養家族らのために設立された学校は例外としている。「一時滞在者」は旅行者一般を指すのではなく、企業駐在員らを指すと解釈される。この規定があるため、マニラ日本人学校は、比における私立学校ではなく、日本大使館付属の学校という形をとっている。

２０２１年1月現在、外国投資誘致のため、この第4項の改定が下院で審議されている。

（2）すべての高等教育機関は学問の自由を享受する。
（3）すべての市民は、公正で合理的かつ公平な入学および学業の要件に従って、職業または研究コースを選択する権利を有する。
（4）国は、教育者の専門性向上の権利を強化しつつ、教育を行わない学術研究者、学術研究を行わない教育者をいずれも保護する。
（5）国は、教育に最優先で予算を割り当て、適切な報酬と職業に対する満足と達成感を通して、教育に入手可能な最善の人材を引き付け保有する。

〈言語〉

第6項　フィリピンの国語はフィリピン語とする。フィリピン語を進化させることにより、既存のフィリピンの他の言語の基礎も発展させ、豊かにしていく。法律の規定に従い、議会が適切であると見なす場合、政府はフィリピンの公式なコミュニケーション手段、および教育システムにおける指導言語としてのフィリピン語の使用を維持するためのイニシアティブを取る。

第7項　コミュニケーションと教育のためのフィリピンの公用語はフィリピン語であるが、法律で別段の定めがない限り、英語も使用される。地域の言語は、地域の補助的な公用語であり、その地域において教育の補助的な媒

第14条　第6項、第7項、第8項
　比の国語はフィリピン語であると明確に定めた上で、公用語として英語も使用されるとしている。スペイン語学習の奨励は、サンボアンガ地域などに残るスペイン語話者（チャバカノ）、アラビア語の奨励はイスラム教徒を想定している。

体として機能する。スペイン語とアラビア語は、任意および選択的基礎学習が奨励される。

第8項　この憲法は、フィリピン語と英語で公布され、一部地域の言語であるアラビア語とスペイン語に翻訳される。

第9項　議会は、さまざまな地域の代表や熟練者からなる国語委員会を創設する。国語委員会は、フィリピンおよびその他の言語の発展、普及、および保存のための研究を実施、調整、推進する。

〈科学技術〉

第10項　科学と技術は国の発展と進歩に不可欠であり、国は、研究開発、発明、革新、およびそれらの利用を優先する。科学技術の教育、トレーニング、提供も行う。また、国の生産システムと国民生活に適応させるため、先住民に対する適切で自立した科学および技術的能力向上を支援する。

第11項　議会は、基礎および応用科学研究プログラムへの民間の参加を奨励するために、税控除を含むインセンティブを提供する場合がある。奨学金、助成金、またはその他の形のインセンティブは、これに値する科学分野の学生、研究者、科学者、発明家、技術者、および特別に才能のある市民に提供される。

第12項　国は、国の利益のためにすべてのソースからの技術の移転を調整し、適応させることを促進する。その際は、科学技術の開発や利用に関わる民間団体、地方自治体、および地域に根ざした組織の幅広い参加を奨励する。

第13項　国は、科学者、発明家、芸術家、およびその他の才能のある市民の知的財産および創造物に対する排他的権利を保護し、特に法律で規定されている期間中、人々に利益をもたらす場合に、これを保護する。

〈芸術と文化〉

第14項　国は、芸術および知的表現の自由な風土における多様性統合の原則に基づいて、フィリピンの国民文化の保存、充実、および動的な進化を促進する。

第15項　芸術および文学は国の後援を得られるものとする。国は、国の歴史的および文化的遺産と資源、ならびに芸術的創造物を保護、促進、普及させるものとする。

第16項　国のすべての芸術的および歴史的な富は、国の文化的遺産を構成し、その処分を規制する可能性がある国の保護下にあるものとする。

第17項　国は、先住民族の文化共同体がその文化、伝統、制度を維持し発展させる権利を認め、尊重し、保護する。国は国家計画と政策の作成においてこれらの権利を考慮しなければならない。

第18項（1）国は、教育制度、公的または私的な文化的施設、奨学金、助成金およびその他のインセンティブ、地域の文化センター、およびその他の公共の場を通じて、文化的機会への平等なアクセスを確保する。

（2）国は、芸術と文化に関する調査研究を奨励し、支援しなければならない。

〈スポーツ〉

第19項（1）国は、体育を促進し、スポーツプログラム、リーグ競技、国際試合のトレーニングを含むアマチュアスポーツを奨励し、健康で機敏な市民育成のための自己規律、チームワーク、卓越性を育てる。

（2）すべての教育機関は、スポーツクラブやその他の部門と協力して、全国で定期的にスポーツ活動を行うものとする。

第15条　家族

第1項　国家はフィリピン人家族を国家の基盤として認める。家族の連帯を強化し、積極的に家族の全体的な発展を促進する。

第2項　結婚は社会制度として不可侵の家族の基盤であり、国によって結婚制度は保護されるものとする。

第3項　国は以下を擁護する。(1)宗教的信念と親としての責任に基づき、妻と夫が家族となる権利。
(2)適切なケアを受け栄養を与えられる子どもの扶養を巡る権利。あらゆる形態の放置、虐待、残酷な扱い、搾取、その他の発達に不利な条件からの特別な保護を含む子どもの権利。
(3)家族が生活のための賃金、収入を得る権利。
(4)家族または家族によって構成される団体が、彼らに影響を与える方針およびプログラムの実施に参加する権利。

第4項　家族には高齢者の世話をする義務があるが、国も社会保障のプロ

第15条
第1項で「国はフィリピン人家族を国の基盤として認める。家族の連帯を強化し、積極的に家族の全体的な発展を促進する」とし、第4項では「家族には高齢者の世話をする義務があるが、国も社会保障のプログラムを通じて面倒をみる」とある。父母やきょうだい、さらにはおじおば、いとこに至るまでの家族、親族グループとの結びつきを重んじる比人にとっては抵抗のない内容と思われるが、経済の急成長の中で将来の家族のあり方が比でも変化する可能性はある。家族でなく個人が国の基盤になる時代には、この条文がそぐわなくなるかもしれない。特に高齢者の世話を一義的に家族の「義務」としている点は、高齢者への年金など社会保障プログラムの充実を遅らせる懸念もある。
この「高齢者を世話する義務」以外に、比憲法で定められている義務は、2条

グラムを通じて面倒をみる。

第16条　一般規定

第1項　フィリピン国旗は赤、白、青地で、太陽と3つの星があるもので、人々によって神聖視され、敬意を表され、法律によって規定される。

第2項　議会は、法律を定め、国、国歌、または国章に新しい名前を付けることができる。ただし、いずれも人々の理想、歴史、伝統を真に反映し、象徴するものでなければならない。このような法律は、国民投票で国民が承認した場合にのみ施行される。

第3項　国は、国の同意なしに訴訟を起こされることはない。

第4項　フィリピン国軍は、法律で規定されているように、軍事訓練を受けた市民で構成されるものとする。国軍は国家の安全のために必要な力を常

20項の親による子の扶養義務のみである。日本国憲法の例では、国民の義務に納税の義務があるが、比憲法には納税の義務に言及した箇所は見当たらない。

第16条　第3項
　ごく短い文だが、非常に重要かつ民主国家として妥当かどうかも問われる重要な規定で、国に対する賠償請求などの訴訟を「国の同意なしに」に認めていない規定。国民が国家の行為によって生命や健康、財産等の被害を受けても、日本など先進国では一般的な国家賠償を求める民事訴訟権が比国民にはない。
　この条項は国民主権の原則にも反しかねない問題を含む。具体的には、警察の麻薬捜査で、単なる通行人ら無実の人が殺された場合も、国民は国に対して損害賠償請求を起こせない。
　また、企業が国と結んだ契約をめぐって国が契約を履行しない場合などにおい

に維持しなければならない。

第5項（1）軍のすべてのメンバーは、この憲法を支持し、擁護するために誓約または確約を行うものとする。

（2）国は軍の愛国心と民族主義意識を高め、職務の遂行においては人々の権利を尊重させなければならない。

（3）軍隊のプロフェッショナリズムとその構成員に対する適切な報酬と恩恵は国の主要な関心事である。軍は党派政治から離れた立場を持たなければならない。軍のメンバーは、選挙で投票することを除き、直接的であれ、間接的であれ、いかなる党派政治活動にも関与してはならない。

（4）現役の軍の構成員は、政府が所有または管理する企業、またはその子会社を含む政府の文民の地位に任命または指名されない。

（5）将校の退職に関する法律において、将校の退職年齢の延長を認めてはならない。

（6）軍の通常部隊の将校とその部下となる軍のメンバーは、可能な限り、すべての州および市から比例的に募集されるものとする。

（7）国軍参謀長の任期は3年を超えてはならない。ただし、戦争または議会によって宣言されたその他の国の緊急事態の場合、大統領はその任期を

ても、企業は国に対して損害賠償を請求できない。このため、近年の例では、過去に水道料金値上げを認めなかったことで損害を受けたとして、水道会社マニラウォーターがシンガポールの仲裁裁判所にフィリピン政府を訴え、比政府に賠償金支払いを命じる判決を得たケースもある。しかし、ドゥテルテ大統領はマニラウォーターが外国で訴訟を起こした事自体を激しく批判、賠償金を払うどころか、過去の政府とマニラウォーターとの契約に不正があったとして、水道会社幹部を刑事訴追する意向すら表明した。

国による行為や不作為によって損害を受けた国民が、政府職員個人を訴える権利は認められているが、警察官らを訴えても賠償金の支払い能力がない場合がほとんどで、被害補償を受けるのは難しい。

国民が国の行為をめぐって賠償金を受けた例外的な

延長することができる。

第6項　国家は、一つの警察を持つ。警察は国全体を視野に入れ、その特徴において文民的側面を持つ。警察は国家警察委員会によって管理および統制される。地方警察に対する管轄権は法律によって定める。

第7項　国は、退役軍人とその妻または孤児に対し、即時かつ適切なケア、恩恵、およびその他の形態の支援を行い、そのための資金が提供される。公有農地の処分や適切な天然資源の利用において、退役軍人とその家族には十分な考慮が払われるものとする。

第8項　国は、公職者や公務員だけでなく、民間部門の退職者に対しても年金額をより適切なものにするため、適宜見直しを行う。

第9項　国は、不正な貿易によって流通した承認外または危険な製品から消費者を保護しなければならない。

第10項　国は、フィリピン人の能力を完全に発展させるための政策環境を

ケースとしては、マルコス独裁政権下で著しい人権侵害を受けた人々が米ハワイ連邦地裁の1999年の判決に基づき、総額1億5千万ドルの賠償金を受けとった例がある。これもマルコス家が87年のアキノ政変後、ハワイに亡命したことで実現した損害賠償請求事案だった。

このような国家賠償を否定する法理は、20世紀半ばまでの残っていた英国の「国王は悪をなしえず」というコモンローの法理に根ざすとも考えられ、米国法もこの法理を継承していたが、米国は1946年、英国は47年に法改正がなされ、国家も賠償責任を負うようになっている。

提供し、国のニーズと願望に適したコミュニケーション手段の出現と、国内外へ流れる情報のバランスに配慮しつつ、言論と報道の自由を尊重する。

第11項（1）マスメディアの所有権と管理は、フィリピン人、またはフィリピン人によって完全に所有および管理される企業、協同組合、または協会に限定される。

議会は、公共の利益のために、商業マスメディアにおける独占を規制または禁止する。取引制限の連合すなわち不当競争は禁止である。

（2）広告業界は公共の利益において大きな印象付けの役割を果たしており、消費者の保護と一般福祉の促進のために法律によって規制されるものとする。広告業に従事できるのは、フィリピン人、または資本の少なくとも70パーセントがフィリピン人によって所有されている企業または団体のみとする。

広告業界の事業への外国投資家の参加は、その資本率によって制限される。外国投資家が参加した広告事業体のすべての執行役員および管理役員はフィリピン人でなければならない。

第12項　議会は、先住民族の文化コミュニティに影響を与える政策につい

第16条　第11項
マスメディアへの外資禁止条項で、100％比人資本でない限り、マスメディアは運営できないとしている。これがネット・メディア「ラップラー」や民間大手テレビＡＢＳ－ＣＢＮの免許更新問題にも絡んでいる。ラップラーは米国人からの多額の出資が疑われ、ＡＢＳ－ＣＢＮの場合は、二重国籍が認められていなかった2004年までの間に、同社社長が米旅券を所持していたことなどがやり玉に挙げられた。

広告業も資本の70％以上が比人所有でなければならないとここで規定されている。

2021年1月現在、この第11項も外国投資誘致のため改正が下院で審議されている。

て大統領に助言するための諮問機関を創設することができる。その機関のメンバーの過半数は当該コミュニティからの者でなければならない。

第17条　改正または改定

第1項　この憲法の改正または改訂は、以下の場合に提案される。

(1) 上下両院の全議員の4分の3の賛成
(2) 憲法会議による提案

第2項　憲法の改正は、登録有権者総数の少なくとも12%の請願に基づく人のイニシアチブを通じて同様に直接提案できるが、その場合、すべての下院選挙区において少なくとも3%の有権者の賛成がなければならない。そのような形の憲法改正請願は、本憲法成立後、5年後に可能となり、その後の次の請願は5年後でないと許可されない。議会はこの権利の行使の実施規定を定める。

第17条　第1項
　原則として憲法改正には全議員の4分3の賛成が必要としている。日本の国会議員の3分の2よりもハードルが高い。改正が難しい硬性憲法となっている。87年の成立以来、改正は一度も行われていない。

第3項　議会は、全議員の3分の2の賛成投票により憲法制定会議を招集できる。または全議員の過半数の賛成投票により、全下院選挙区に対し、憲法制定会議の開催に賛成かどうかを問うことができる。

第4項　本条第1項に基づく本憲法の改正または改定は、議会の決定後、60日以上90日以内に国民投票によって過半数の賛成が得られた場合に有効となる。本条第2項に基づく修正は、選挙管理委員会が請願成立を認定後、60日以上90日以内に行われる国民投票で過半数の賛成が得られた場合に有効になる。

第18条　移行期規定

第1項　この憲法に基づく議会の最初の選挙は、1987年5月の第2月曜日に行われるものとする。最初の地方選挙は大統領が決定する日に開催され、上下両院議会の議員選挙と同時に行う。また、マニラ首都圏の首長または市町議会のすべての議員の選挙を同時に行う。

第18条　憲法が批准され、上下両院や自治体選挙の実施、新憲法下の期間発足までの移行期間規定だが、外国軍基地条項など重要な規定も書かれている。

第2項　上院議員、下院議員、およびこの憲法に基づいて最初に選出された地方公職者は、1992年6月30日の正午まで務めるものとする。1992年の選挙で選出された上院議員のうち、最高票数を獲得した最初の12人は6年間、残りの12人は3年間務める。

第3項　すべての既存の法律、命令、宣言、指示書およびこの憲法と矛盾しない他の行政機関の発行文書は、修正、廃止されるまで有効とする。

第4項　批准されていないすべての既存の条約または国際協定は、すべての上院議員の少なくとも3分の2の同意なしに更新または延長されないものとする。

第5項　1986年2月7日の選挙で選出された現大統領と副大統領の6年間の任期は、選挙の同期を目的として、92年6月30日の正午まで延長される。この憲法に基づく大統領および副大統領の最初の定期選挙は、1992年5月の第2月曜日に開催される。

第6項　現職の大統領は、最初の議会が招集されるまで、引き続き立法権

第18条　第4項
第18条第23項注参照

を行使するものとする。

第7項　法律が成立するまで、大統領は、この憲法第6条第5項第2号の部門別代表のために確保された議席を、各部門の指名候補者のリストから任命することができる。

第8項　議会が別段の定めをしない限り、大統領は、マニラ首都圏を構成するすべての地方自治体の首長で構成される都庁を設立することができる。

第9項　準州は、通常の州に改組されるまで、またはその構成自治体の帰属が親州に戻されるまで存在し、活動し続けるものとする。

第10項　この憲法の承認時に存在したすべての裁判所は、法律で別段の定めがなされない限り、引き続きその管轄権を行使する。この憲法に反しない既存の裁判所の規則、および手続き上の法律の規定は、最高裁判所または議会によって修正または廃止されない限り、引き続き有効とする。

第11項　司法の現職メンバーは、70歳になるか、職務を遂行することができなくなるか、正当な理由により解任されるまで、引き続き在職とする。

第12項　最高裁判所は、この憲法の批准後1年以内に、最高裁判所または下級裁判所で係争中の案件の決定または決議を促進する体系的な計画を採択するものとする。同様の計画は、すべての特別裁判所および準司法機関にも採用される。

第13項　裁判所による裁定のために提出された案件または問題の決定または決議のための適用期間の経過による法的効果については、この憲法の批准前に、可能な限り早く最高裁判所により決定されるものとする。

第14項　本憲法の第8条第15項の第3号、第4号の規定は、この憲法の承認前に提出された案件または事項については承認のあとで適用期間が過ぎた時点で適用される。（訳注・8条（司法）第3号、第4号は審理期間をめぐる規定）

第15項　公務員委員会、選挙管理委員会、監査委員会の現職のメンバーは、この憲法の承認後1年間、妥当な理由により解任されたり、職務を遂行することができなくなったりしない限り、任期を継続するものとする。どのメンバーも、この憲法の承認前の任期を含め7年を超えてその職に就くことはできない。

第16項　1986年3月25日付けの公布第3号に基づき、政府高官は離職し、この憲法の承認後、適切な離職手当および彼らの離職時に有効な一般適用法に基づいて生じる退職金およびその他の利益を受ける。ただし離職予定者は、離職の代わりに、政府、または政府が所有または管理する企業とその子会社や政府機関での雇用を検討することができる。この規定は、既存の方針に沿って提出された辞任が受け入れられた政府高官にも適用される。

第17項　議会が別段の定めをするまで、大統領は30万ペソの年俸を受け取る。副大統領、上院議長、下院議長、および最高裁判所長官はそれぞれ24万ペソ、上院議員、下院議員、最高裁判所判事、および憲法が定める委員会の委員長は20万4千ペソ、憲法が定める委員会の委員は18万ペソをそれぞれ年俸として受け取る。

第18項　政府は、可能な限り早い時期に、他の政府職員らの給与規模を

第18条　第17項
　1986年当時の円＝ペソレートは1ペソ8円以上

引き上げるものとする。

第19項　1986年3月25日付けの公布第3号または本憲法に基づいて廃止または再編された政府機関のすべての資産、記録、設備、建物、施設、およびその他の資産は、現在も権限を持つ政府機関に譲渡されるものとする。

第20項　最初の議会審議では、公立中等教育の完全無償化実施の決定を優先するものとする。

第21項　議会は、憲法または公有地の法律に違反して、汚職や慣行を通じて取得された公有地の保有復帰をめぐる効果的な手順と適切な救済策を提供する。このような土地をめぐる権利譲渡または処分は、この憲法の承認から1年が経過するまで許可されない。

第22項　政府は、できるだけ早い時期に、農地改革プログラムの受益者への配分のため、法律の定めに従い、遊休地または放棄された農地を収用するものとする。

第23項　本憲法の第16条第11項第2号の影響を受ける広告事業体は、本憲法批准から5年以内に、フィリピン人の所有権の最低要件を段階的に遵守するものとする。

第24項　民兵およびその他の武装グループは解体されなければならない。この憲法で制定された国軍と異なる民間国防軍を含むすべての準軍事組織は解散するか、妥当な場合は国軍に編入させる。

第25項　軍事基地に関するフィリピン共和国とアメリカ合衆国との協定が1991年に満了した後、外国軍事基地、軍隊、またはその施設をフィリピンに置くことは、上院が批准した条約に基づく場合を除き許可されない。議会が必要と判断した場合は、条約や協定の批准に当たって、国民投票を実施し、過半数の賛成で批准を認めることもできる。

第26項　1986年3月25日に公布された富の回復に関する第3告示に基づく財産仮差し押さえまたは凍結命令を発する権限は、この憲法の承認後18か月以内は有効とする。ただし、国の利益のために、大統領の承認を得て、議会はこの期間を延長することができる。財産差し押さえまたは凍

第18条　第25項

7条21項の内容を米軍基地問題に関してより具体的な規定として示したのがこの条項だった。

1991年当時、コラソン・アキノ大統領は10年の基地延長協定を結び、上院の批准にも楽観的だった。しかし、マルコス独裁政権の後ろ盾でもあった米国への反発が当時は強く、9月の上院投票では賛成11、反対12と過半数にも達せず、批准は否決された。アキノ大統領はすぐにはあきらめず、25項後段の国民投票での批准も狙ったが、議会の同意が得られず、結局、米軍基地は1992年までに比から完全撤退した。

しかし、その後、1998年の訪問米軍地位協定（→参照121ページ）により、フィリピン国内での米軍の演習参加が認められ、さらに2014年の防衛協力強化協定（→参照131ページ）によって「合意された場所」に米軍が駐留するこ

結合令は、明確なケースを示した場合にのみ発っせられる。差し押さえまたは凍結された物件のリストは、適切な裁判所に直ちに登録される。この憲法の批准前に発せられた命令に基づく訴訟または訴訟手続きは、憲法批准後6カ月以内に提起されるものとする。憲法批准後に発っせられた命令については、司法処理または手続きは、命令が発せられた後、6カ月以内に開始されるものとする。

財産差し押さえまたは凍結命令は、司法措置または訴訟手続きが開始されない場合は自動的に解除されたと見なされる。

第27項　この憲法は、国民投票で過半数の賛成を得て批准後、直ちに発効し、以前のすべての憲法に優先するものとする。

承認　1987年2月2日

ことも可能になった。

主要条約　協定

比米相互防衛条約

MUTUAL DEFENSE TREATY BETWEEN THE REPUBLIC OF THE PHILIPPINES AND THE UNITED STATES OF AMERICA

国連憲章の目的と原則に対する信頼と、すべての人々、すべての政府と平和に暮らしたいという我らの願望を再確認し、太平洋地域の平和の構造を強化することを望む。

前回の戦争で帝国主義の侵略とともに戦うため、共鳴した理想の絆で2国を結びつけた歴史的な関係を相互の誇りとして思い出す。

一体感を維持し、外部の武力攻撃から守るという共通の決意を公に宣言することを望む。潜在的な侵略者が太平洋地域でどちらかが孤立しているという幻想を抱くことができないようにしたい。

太平洋地域におけるより包括的な地域安全保障システムの創設を待つ間、平和と安全維持の集団的防衛に向けて、現在の努力をさらに強化することを望んでいる。

本文書のいかなる内容も、フィリピン共和国とアメリカ合衆国との間に既にある合意を変更または減じるものではない。

この序文で「国連憲章の目的と原則への信頼」をうたっている点は日米安全保障条約、訪問米軍地位協定、防衛強化協力協定のいずれとも共通する。

以下のように同意した。

第1条　両当事者は、国際連合憲章に定められているように、国際的な平和と安全と正義が危険にさらされないよう、これを維持する。関与する可能性のある国際紛争は平和的手段によって解決する。紛争においては自制に努め、国連の目的と矛盾する方法での威嚇や武力の行使を控える。

第2条　この条約の目的をより効果的に達成するために、両国は、自助と相互援助によって個々にまたは共同で、武力攻撃に対抗する個別的および集団的自衛能力を維持し発展させる。

第3条　いずれかの当事者が自国の領土保全、政治的独立、安全が太平洋における外部からの武力攻撃によって脅かされていると考えるときはいつでも、また随時、両国は外務大臣およびその代理を通じて、この条約の実施に関して協議する。

第4条　両国は、いずれかの国に対する太平洋地域での武力攻撃は、いずれの国にとっても平和と安全上の危機と認識し、憲法上のプロセスに従って共通の危険に対処するために行動することを宣言する。

そのような武力攻撃とそれに対してとられたすべての措置は、直ちに国連安全保障理事会に報告されなければならない。安全保障理事会が国際平和と安全を回復し維持

第2条
いわゆる集団的自衛権に言及。

第4条
日米安全保障条約との大きな違いは、米国が一方的に日本の安全保障を担うのではなく、フィリピン側も米国とともに「共通の危険」に対処するとしている点。相互防衛条約であることを明示している。

するために必要な措置を講じたとき、両国の対抗措置は終了するものとする。

第5条　第4条における、いずれかの国に対する武力攻撃には、もう一方の国の大都市圏、または太平洋にある国の権限が及ぶ領土である島々、太平洋を往来する軍、船舶、航空機への武力攻撃が含まれると解釈される。

第6条　この条約は、国際連合憲章に基づく当事国の権利と義務、または国際平和と安全の維持に対する国連の責任に影響を与えず、また影響を与えると解釈されない。

第7条　この条約は、フィリピン共和国とアメリカ合衆国によって、それぞれの憲法上のプロセスに従って批准され、批准書がマニラで交換されたときに発効する。

第8条　この条約は無期限に効力を維持する。いずれかの当事国が、相手国に破棄を通知した場合、1年後に終了する。

1951年8月30日
署名場所　ワシントン
比側署名者　カルロス・ロムロ、ホアキン・エリザルデ、ビセンテ・フランシスコ、ディオスダド・マカパガル
米側署名者　ディーン・アチソン、ジョン・フォスター・ダレス、トム・コナリー、

アレクサンダー・ウィリー

訪問米軍地位協定

RP-US VISITING FORCES AGREEMENT

フィリピン共和国とアメリカ合衆国との間のフィリピンを訪問する米軍の地位に関する合意

前文

国連憲章の目的と原則に対する信頼と、太平洋地域における国際的および地域的安全を強化したいという人々の願望を再確認する。また、1951年8月30日署名の米比相互防衛条約に基づく義務を再確認する。

米軍の部隊がフィリピンを訪問する可能性があることに留意している。

米国とフィリピン共和国の間の協力は共通の安全保障上の利益になると考える。

そのためにはフィリピンを訪問する米国人員の扱いを定義することが望ましいと認識し、以下のように合意した。

第1条

本協定で使用されている「米国要員」とは、フィリピン政府によって承認された活動に関連して一時的にフィリピンに滞在する米軍将兵および民間人を意味する。

第1項「米軍人」という用語は、米国陸軍、海軍、海兵隊、空軍、および沿岸警備隊の軍人を指す。

第2項「民間人」という用語は、フィリピン国民でも通常居住者でもない、米国軍に雇用されている、または米国赤十字およびユナイテッドサービスオーガニゼーションの従業員など、米国軍に同行している個人を指す。

第2条　法の尊重

フィリピンの法律を尊重し、本協定の精神に反する活動、特にフィリピンでの政治活動を控えることは、米国要員の義務である。米政府は、これが確実に行われるように、その権限の範囲内ですべての措置を講じる。

第3条　出入国

第1項　フィリピン政府は、本協定の対象となる活動に関連して、米国人の入国およびフィリピンからの出国の便宜を図る。

第2項　米軍関係者は、フィリピンへの出入国時にパスポートおよびビザの規制を免除される。

第3項　フィリピンに入国する米軍将兵に関しては、要求に応じて提示される以下の書類のみが必要となる。

(a) 氏名、生年月日、階級およびランク、識別番号（ある場合）、所属部門、写真を記載した適切な米国当局によって発行された個人IDカード。

(b) 適切な米国当局によって発行され、旅行または訪問を許可し、個人またはグループを米軍要員として識別する個人または集合文書。

(c) 軍用機または船舶の指揮官は健康証明を提示し、フィリピン政府の認定代表者から要求された場合、検疫検査を実施し、航空機または船舶に防疫すべき疾病がないことを証明する。米国の航空機、船舶、またはその貨物の検疫検査は、世界保健機関によって公布された国際保健規則および相互に合意された手順に従って、米国の指揮官によって実施される。

第4項　米国の要員である民間人はビザの必要条件を免除されるが、要求された場合は、フィリピンへの出入国時に有効なパスポートを提示しなければならない。

第5項　フィリピン政府が米国要員に対してフィリピンからの退去を要求した場合、米国当局は、自国の管轄区域内にその要員を収容するか、フィリピン国外に移送する。

第4条　運転と車両登録

第1項　フィリピン当局は、軍用または公用車両の運転のために、適切な米国当局によって米国要員に発行された運転許可証または免許証を、試験および手数料なしで有効なものとして受け入れる。

第2項　米国政府が所有する車両は登録する必要はないが、識別できるよう適切なマーキングを必要とする。

第5条　刑事管轄

第1項　以下の条項に従う。

（a）フィリピン当局は、フィリピン国内で犯され、フィリピンの法律に基づいて罰せられる犯罪に関して、米国要員に対して刑事管轄権を持つ。

（b）米軍当局は、フィリピン国内の米国要員に対して米国の軍事法に基づくすべての刑事および懲戒の権限をフィリピン内で行使できる。

第2項

（a）フィリピン当局は、フィリピンの法律に基づいて罰せられるが、米国の法律に基づいて罰せられないフィリピンの安全保障に関する犯罪を含む犯罪に関して、米国要員に対して独占的な管轄権を行使する。

（b）米国当局は、米国の法律の下で罰せられるが、フィリピンの法律の下では罰せられない米国の安全保障に関連する犯罪に関して、米国要員に対して独占的な管轄権を行使する。

第5条　第3項

（d）「フィリピンが重大犯罪とみなした場合を除き」という点が、この協定の批判者には問題点の一つとされ、犯罪のうちどの程度の犯罪を重大犯罪とみなすのかがあいまいとされてきた。実際に米兵が裁かれた事件としては、次の二つの事件がある。

（1）米兵によるレイプ事件

２００５年11月1日深夜から未明にかけて、比米合同軍事演習に参加中だった沖縄駐留の米海兵隊所属のダニエル・スミス上等兵（21）と共犯の米兵3人はルソン島サンバレス州のスービック経済特区内のバーで知り合った比人女性＝事件当時（22）＝をレンタカーに誘い込み、車内でスミス上等兵がレイプし、他の3被告はその行動をあおったとして4人はレイプ罪で起訴され、1審のマカティ地裁は06年12月、スミス被告に終身刑を言い渡した。残

（c）この条項における安全保障に関する犯罪とは次を意味する。
（1）反逆（2）妨害行為工作、スパイ行為、または国防に関連する法律違反。
第3項　刑事管轄権を行使する権利が同時発生する場合、以下の規則が適用される。
（a）フィリピン当局は、本条第1項（b）、第2項（b）、第3項（b）に規定されている場合を除き、米国要員が犯したすべての犯罪に対して管轄権を行使する主たる権利を有するものとする。
（b）米軍事当局は、以下の犯罪において、米国の軍事法の対象となる米国要員に対して管轄権を行使する主な権利を有するものとする。
（1）米国の財産または安全保障のみに対する犯罪、または米国要員の財産または個人に対する犯罪。（2）公務の遂行における作為または不作為から生じる犯罪。
（c）いずれの政府当局も、特定のケースにおいて管轄権を行使する主たる権利を放棄するように他方の政府当局に要求することができる。
（d）フィリピン当局は、軍隊間の秩序と規律を維持するという米軍当局の責任を認識し、米国からの要請に応じて、フィリピンが重大な犯罪とみなした場合を除き、管轄権を行使する主たる権利を放棄する。
（e）米軍司令官は、フィリピン当局が米国要員を訴追した犯罪が公務の遂行においてなされた作為または不作為に起因すると判定した場合、その決定を記載した証明書を発行する。この証明書はフィリピンの適切な当局に送られ、この条の第3項（b）（2）において定める公務の遂行中であったことの十分な証拠となる。フィリピン政府が、事件の状況により公務中であったことの証明書の見直しが必要であると判断し

り3被告は証拠不十分で無罪とした。しかし、被害女性が一審判決後に示談に応じ、被害証言を取り消したため、控訴審は09年4月、逆転無罪を言い渡し、スミス被告は釈放され、帰国した。

（2）米兵によるLGBT者殺人事件

ルソン地方サンバレス州オロンガポ市で2014年10月、比米合同演習に参加中の米海兵隊のジョセフ・ペンバートン伍長が、オロンガポ市の飲食店で女装していた性的少数者（LGBT）と知り合い、ホテルに入った後、相手が肉体的に男性であることを知って激怒、便器に被害者の顔を押し付けて窒息死させた事件。ペンバートン被告は殺人罪で起訴され、オロンガポ地裁（ハバルデ裁判官）は15年12月、被告に禁錮6～12年の有罪判決を言い渡した。また、賠償金などとして総額約460万ペソを遺族に支払うよう命じた。判決は

た場合、米軍当局およびフィリピン当局は直ちに協議を行う。最高レベルのフィリピン当局も、その有効性に関係する情報を提示する場合がある。米軍当局は、フィリピンの立場を十分に考慮しなければならない。必要に応じて、米軍当局は、公務中に犯罪を犯した者に対して懲戒処分またはその他の措置を講じ、取られた措置についてフィリピン政府に通知する。

（f）一次管轄権を有する政府が管轄権を行使しない場合、もう一方の政府当局にできるだけ速やかに通知しなければならない。

（g）フィリピンと米国の当局は、両国が管轄権を行使する権利を有するすべての事件の処分について互いに通知しなければならない。

第4項　法的な権限の範囲内で、フィリピンと米国の当局は、フィリピンにおける米国要員の逮捕と規定に従って管轄権を行使する当局への身柄引き渡しにおいて互いに支援する。

第5項　米軍当局は、フィリピンが主たる管轄権または専属管轄権を持つ米国要員の逮捕または拘留について、フィリピン当局に迅速に通知する。フィリピン当局も、米国要員の逮捕または拘留について、直ちに米軍当局に通知する。

第6項　フィリピンが管轄権を行使する米国要員の拘束場所については、要請があれば、犯罪後、司法手続きの完了まで、米軍当局に留めおく。米軍当局は、フィリピン当局からの正式な通知に応じて遅滞なく、その人物が訴追された犯罪に関連する取り調べまたは司法手続きに間に合うように、その人物を当局に引き渡す。特殊なケースにおいてフィリピン政府は、米国に対し拘束場所についてフィリピン側の考えを伝

殺人罪としては異例の短期刑だったが、20年9月、ドゥテルテ大統領はペンバートン受刑者に恩赦を与え、同受刑者は釈放されて帰国した。

第5条　第3項（e）
公務中に米兵が犯罪を犯した場合は米国が管轄するとある。日米地位協定にも同様の規定があるが、米兵の交通事故などをめぐって、公務中か否かがしばしば問題になっている。

えることがある。その場合、米国は十分に検討しなければならない。フィリピンの司法手続きが1年以内に完了しない場合、米国は本項に基づく義務を免除される。この1年間には、異議申し立て期間は含まれない。また、フィリピン当局から被告人の司法手続きを通知された後、米国当局側の問題で被告人が出席しないことなどが理由となって裁判が遅れた場合、その遅れた期間分は1年間の期限に含まれない。

第7項　法的権限の範囲内で、米国とフィリピンの当局は、犯罪に関するすべての必要な調査の実施において互いに補完し合い、証人の出席を促し、押収物を含む証拠の収集と作成に協力する。犯罪者に関係する物品の提供も行う。

第8項　米国要員が本条の規定に従って裁判にかけられ、無罪判決を受けた場合、または有罪判決を受けて服役を終えた場合、服役中恩赦を受けて赦免された場合などについて、米国要員はフィリピンにおいて同じ犯罪で再訴追されることはない。ただし、フィリピン当局によって裁判にかけられた犯罪を構成する作為または不作為について、米軍当局が米国要員を裁判にかけることを妨げるものではない。

第9項　米国要員がフィリピン当局によって拘置、拘留、または訴追された場合、フィリピンの法律によって確立されているすべての手続き上の保護措置が与えられる。少なくとも、米国要員には以下の権利が与えられる。

（a）迅速な裁判
（b）訴追される罪について審理に先立って通知され、弁護を準備するための合理的な時間を持つこと。
（c）証人と対峙し、証人を尋問すること。

第5条　第6項
　この規定も協定に対する批判の的となってきた。まず、「フィリピンの司法手続きが1年以内に完了しない場合、米国は本項に基づく義務を免除される」とし、一審判決までの期間を事実上1年間と区切っている。これはフィリピンにおける比人が犯した殺人事件の一審判決までの期間と比べて短い。また、レイプ事件で起訴されたスミス被告、殺人罪で起訴されたペンバートン被告とも判決まで身柄は米大使館内に置かれた。スミス被告の場合は一審判決後も比側の拘置施設には入らず、大使館内にとどまり続けた。ペンバートン被告の場合は一審判決後、フィリピン国軍内の特別施設に留置された。

（d）弁護のための証拠を提示し、証人を獲得するための強制的なプロセスを持つこと。
（e）フィリピン国民と同じ基準で、必要な場合は無料の弁護人を得ること。
（f）有能な通訳のサービスを受けること。
（g）米国当局と迅速に連絡を取り、米国当局者が定期的に訪問し、そのような当局者をすべての司法手続きに出席させること。裁判はフィリピンの法律に従い、裁判所が訴追に関与しない者を除外しない限り、公開される。

第10項　フィリピン当局による米国要員の拘置または拘留は、フィリピン当局および米国当局によって合意された適切な施設で行われる。フィリピンで刑に服する米国要員は、訪問および物的援助を受ける権利を有する。

第11項　米国要員は、通常の管轄権を有するフィリピンの裁判所でのみ裁判の対象となり、フィリピンの軍事裁判所または宗教裁判所の管轄権の対象とはならない。

第6条　請求

第1項　米軍による軍備品の販売や軍事機器のリースを含む契約上の取り決めを除き、両政府は、この合意が適用される活動から生じる互いの軍隊の所有物の損傷、損失、破壊、または軍人や米国要員である民間人の死亡や負傷について、互いに対するすべての請求権を放棄する。

第2項　第1項が適用される請求以外の米国に対する請求については、米国政府は、外国からの請求に関する米国の法律に従い、損害に対する公正かつ合理的な補償を支払う。米軍要員の作為または不作為、あるいは米軍の非戦闘活動に起因する損失、人身に対する傷害または死亡についても補償を支払う。

第7条　輸入と輸出

第1項　この協定が適用される活動に関連して、米軍によって、または米軍に代わってフィリピンに輸入またはフィリピンで取得された米国政府の設備、資材、備品、およびその他の財産は、フィリピンのすべての税金等を免除される。財産の所有権は米国にあり、米国はいつでもそのような財産をフィリピンから持ち出すことができる。その際は輸出税等の税金はかからない。免税は、フィリピンへの輸入またはフィリピン国内での取得後にかかる資産に対して査定される税金等にも適用される。ただし、フィリピンにおいて免税を受ける資格のない個人または団体に米軍要員が財産を処分する場合は、税金支払いの義務が生じる。

第2項　米国要員の個人的な使用のための適度な量の手荷物、私物、およびその他の財産は、フィリピンに一時滞在している間、すべての関税、税金等を免除される。ただし、輸入特権を与えられていないフィリピンの個人または団体への譲渡の際は、フィリピンの法律に従って受領者には税金支払いの義務が生じる。米国要員がフィリピンで取得した資産の輸出は、フィリピンのすべての関税、税金等を免除される。

第8条　船舶および航空機の移動

第1項　米軍によって、または米軍のために運航される航空機は、規定された手順

第6条　第2項

比米合同軍事演習に絡み民間人が死亡した事件としては、2000年8月、セブ州トレド市の鉱山の採掘現場で遊んでいた子ども3人が、地面に落ちていた米軍の砲弾を拾った直後に砲弾が爆発、3人のうち2人が死亡、1人が重傷を負った。遺族の訴えにより、米兵18人が過失致死容疑で送検されたが、遺族が訴えを取り下げ、トレド検察は米兵18人を不起訴とした。

に従って、フィリピン政府の承認を得てフィリピンに入ることができる。

第2項　米軍によって、または米軍のために運航される船舶は、フィリピン政府の承認を得てフィリピンに入国することができる。船舶の移動は、船舶を管理する国際的な慣習と慣行、および必要に応じて合意された実施の取り決めに従うものとする。

第3項　米軍によって、または米軍のために運航される車両、船舶、および航空機は、フィリピン滞在中、着陸料や港湾料金、航海または上空通過の料金徴収の対象とはならない。米軍によって、または米国軍のために運航される航空機は、フィリピンにいる間、当地の航空交通管制規制を遵守する。米国政府の非営利サービスのみを目的として米国が所有または運航する船舶は、フィリピンの港での強制水先案内の対象とはならない。

第9条　期間と終了

この協定は、両当事者が発効のための憲法上の要件を完了したことを外交ルートを通じて書面で互いに通知した日に発効する。本協定は、いずれかの国が他方の国に協定の終了を希望する旨を書面で通知した日から180日が経過するまで有効となる。

署名日　1998年2月10日

署名地　マニラ

署名者　米国　トーマス・C・ハバード

フィリピン　ドミンゴ・L・シアゾンジュニア

第9条

ドゥテルテ大統領は2020年2月、前国家警察長官のデラロサ上院議員に対し、米国が麻薬戦争に関わったものとみなし米国への渡航ビザを発給しなかった事件をきっかけに、この協定の破棄を米国に通告した。しかし、同年6月、親米派の外務官僚が防衛官僚の進言を受けたためか、6カ月間の「破棄の凍結」を米国に伝えた。さらに同年11月にもさらなる6カ月間の凍結延長を伝えた。

防衛協力強化協定

ENHANCED DEFENSE COOPERATION AGREEMENT（EDCA）

序文

フィリピン共和国政府は以下「フィリピン」と、アメリカ合衆国政府は以下「米国」、両国政府については「双方」、どちらかについては「いずれか一方」などと以下、表現する。

両国は国連憲章の目的と諸原則への信頼、国際かつ地域の安全保障を強化することへの願いを再確認する。

両国は1951年4月30日にワシントンで署名されたフィリピン共和国とアメリカ合衆国との間の比米相互防衛条約（MDT）と1998年にマニラで署名された訪問米軍地位協定（VFA）の効力について留意する。

比米相互防衛条約第1条にある次の部分に留意する。「両当事者は、国際連合憲章に定められているように、国際的な平和と安全と正義が危険にさらされないような方法、平和的手段によって関与する可能性のある国際紛争を解決する。その際において自制に努め、国連の目的と矛盾する方法での威嚇や武力の行使を控える」

双方は米国がフィリピン領土内に恒久的な軍事力を置いたり、基地を建設しないという理解を共有する。

序文

「恒久的な軍事力を置いたり、基地を建設しない」と米軍基地を再び比に置く協定ではないことを明示している。ただし、実質的には米軍基地に準ずる場所を定める協定となっている。「合意された場所」の具体例は2015年4月の両国の合意で、かつて米軍基地があったルソン島クラーク、スービックのフィリピン国軍基地のほか、セブ島、ルソン島、パラワン島などのいずれもフィリピン国軍基地とされた。さらに16年3月の合意で、パラワン州のアントニオバウティスタ空軍基地、パンパンガ州のバサ空軍基地、ヌエバエシハ州のフォートマグサイサイ基地、セブ州マクタン島のベニトエブエン空軍基地が加わった。この時点まで「合意された場所」はすべてフィリピン国軍基地内であった。

しかし、2017年5月、ミンダナオ島マラウィ市がアブサヤフらイスラム過激

1958年5月15日に相互防衛委員会（MDB）を設立するに当たって交わした覚書と2006年4月11日、12日に安全保障関与委員会（SEB）を設立するに当たり、交わした覚書に留意する。

2007年11月8日にケソン市において署名されたフィリピン国防省と米国防総省との間の相互ロジスティック支援合意とその付属文書に留意する。

双方は尊重されるべき国際的義務に留意する。その義務には、化学兵器の開発、生産、備蓄および使用禁止およびそれらの破壊に関する条約、生物兵器の開発、生産、備蓄および使用禁止およびそれらの破壊に関する条約が含まれる。

すべての米国によるフィリピンへのアクセスまたは施設の使用はフィリピン側の招へいを受ける形で行われ、フィリピン憲法とその法律を全面的に尊重しなければならない。

協力関係のキャパシティ、および人道支援、災害救助の努力を高めるために以下に合意した。

第1条　目的と展望

第1項　この合意は比米間の防衛協力を深化させ、個別かつ集団的能力を維持するためのものである。比米相互防衛条約第2条の「この条約の目的をより効果的に達成するために、締約国は、自助と相互援助によって個々にまたは共同で、武力攻撃に対抗する個別的および集団的能力を維持し発展させる」という部分および訪問米軍地位協定の文脈に沿ったものであり、以下が含まれる。

派に占拠された際、米軍は現地入りし、市街戦に不慣れなフィリピン国軍を直接援助。過激派掃討の実戦においても、フィリピン軍の装甲車内に米衛生兵が同乗している映像が残っており、在比米大使館も米兵の実戦参加を否定しなかった。「合意された場所」は国軍基地外にも広がっているとみられる。

（a）両国軍間の相互協力を改善し、フィリピン国軍の短期的な戦力不足、長期的な近代化し、海洋の安全保障を維持、発展させ、海洋の領土を意識し、人道支援や災害救助の能力を高めることを両国が共有する目的とする。

（b）両国の決定によって、合意がなされた場所において、フィリピン領土への米軍のローテーションに基づくアクセスを認める。

第2項　比米相互防衛条約を発展させる見地から、両国は「合意された場所」について、この合意が原則的条件と必要な公認を与える。

第3項　双方は米軍がフィリピンにおける「合意された場所」を利用するに当たり、合同演習、人道支援、災害救助を行うことを認めることで合意した。その他の活動については両国の合意に基づいて決める。

第2条　定義

第1項　この合意が定める「米国人」とはフィリピン側が合意した活動のため、一時的にフィリピン国内に滞在する米軍人および民間人を指す。

第2項　「米軍」とは米国人で構成されるその全体、フィリピンにおけるすべての所有地、装備、米軍が所持する物資を指す。

第3項　「米契約者」とは、米国防総省との間で直接または間接の契約を結んだ会社とその従業員を指す。

第4項　「合意された場所」とは、フィリピン政府によって提供される場所や施設

第2条　第3項

米契約者とはほとんどの場合、民間軍事会社とその従業員を指す。その中には米軍の依頼で米兵に対して訓練を施したり、武器を携帯する雇い兵も存在する。

を指す。フィリピン国軍、米軍、米契約者、その他両国が合意した者は、その場所を合意に従って利用することができる。具体的な場所は付属文書で指定し、詳細は利用時に決める。

第5項「指定された決定機関」とは、フィリピン政府が文書で別の通知をしない限りフィリピン国防省、米政府が別の文書で通知しない限り米国防総省となる。

第3条　合意された場所

第1項　合意された場所において、フィリピン政府は米軍、米契約者、米軍が使用する車両、艦船、航空機が次のような活動をすることを認める。訓練、乗り継ぎ、支援関係活動、航空機の燃料補給、艦船の接岸、暫定的な車両、艦船、航空機の修理、一時的な滞在、通信、装備・物資・備品の持ち込み、装備を含む軍の展開、および両国が合意した活動。

第2項　フィリピンの指定された決定機関は、要請を受けた場合、米軍が使用する場所に公有地や施設（道路、港湾、空港）を加えることができる。そこには地方自治体が所有または管理する公有地および施設（道路、港湾、空港）が含まれる。

第3項　相互利益のため、両国はフィリピンが提供する場所についてフィリピン側が使用料などを徴収しないこと、オペレーションに関わる費用は米軍の負担とすることで合意した。

第4項　フィリピンは米国に対し、相互防衛委員会（MDB）や安全保障関与委員会（SEB）によるメカニズムに基づき、「合意された場所」で建設活動をすることを認める。「合意された場所」の改変、改善ができる。米軍はそのような建設、改変、改善を両国が共有する技術上の必要性や建築基準上の必要性に基づいて行う。このような米軍による建設活動は両国の必要性と基準に従って行われる。

第5項　フィリピンの指定された決定機関およびその機関が認めた代表は、「合意された場所」全体へのアクセス権を持つ。このアクセス権は両者が今後定める手続きに従い、運営上の安全の必要性に配慮した上で速やかに認められる。

第6項　「合意された場所」の使用比率、建設、開発、運営、メインテナンスのコストは基本的に米軍が負う。特別な資金調整が必要な場合は実施の際に決める。

第4条　装備、物資、備品

第1項　フィリピンは米軍に対し、相互防衛委員会（MDB）や安全保障関与委員会（SEB）によるメカニズムに基づき、「合意された場所」において軍事装備、物資、備品の事前設置、備蓄を認める。人道支援物資、災害救助物資についても認める。米軍はフィリピン軍に対し、装備、物資、備品の事前設置の際、その量と日程、輸送担当者を知らせなければならない。

第2項　両国はこのような事前設置、備蓄が人道支援や災害救助において有益であると考える。さらに事前設置・備蓄は個別および集団的自衛の能力を高めると認識する。

第3項　事前設置・備蓄した備品は米軍に排他的な使用権があり、米軍が所有権を持つ。米軍は備蓄品へのアクセスについて管理権を持ち、備蓄品を撤収する際におい

第3条　第4項
　米軍がフィリピン国軍の基地内などに独自の施設を建設できることを定めている。

第3条　第5項
　フィリピン側に米軍が使用する「合意された場所全体」へのアクセス権を認めている。このような条項はない。日米地位協定には、欧州においてはイタリアなどが米軍基地へのイタリア当局のアクセス権を認めさせている。

第4条　第1項
　米軍が武器や兵器などを「合意された場所」にあらかじめ設置、備蓄することを認めている。

ても独自に決定する権利がある。

第4項　米軍人および米契約者は、軍事装備、物資、備品の事前設置・備蓄、その輸送、管理、検査、使用、維持および撤去において「合意された場所」への妨げを受けないアクセス権を持つ。

第5項　両国は軍事装備、物資、備品の輸送を米契約者が米国内法の規定において行うことに同意する。

第6項　事前設置・備蓄品の中に核兵器が含まれてはならない。

第5条　所有権

第1項　フィリピンは「合意された場所」に対する所有権を維持する。

第2項　この合意に基づく米軍の活動が不要となった場合、米国はすべての「合意された場所」またはその一部分をフィリピンに返還する。返還の際は米国が建設した施設も含み、その代替施設を米国が求めることはできない。返還の時期や、場所の改変、建設に伴う補償については両国または指定された決定機関が決める。

第3項　米軍および米契約者は、装備、物資、備品、移転可能な施設など移動させることができる財産については所有権を維持する。その所有権は国外から持ち込まれたか米軍がフィリピンで購入したかは問われない。

第4項　米軍によって建設されたり改築されたりした「合意された場所」におけるすべての建物はフィリピンに所有権がある。恒久的な建物はいったん建設された後は、すべてフィリピンに所有権があるが、米軍の活動が不要になるまでは、米軍が使用で

第4条　第6項
　核兵器からの解放をうたうフィリピン憲法第2条第8項に従い、米軍による核兵器持ち込み、備蓄を禁じた条項。

第5条　第1項、第2項
　日本の米軍基地のように米軍に「合意された場所」の所有権は認めず、あくまでフィリピン側に所有権があるとしている。

きる。

第5項　米国内法および規則に従い、過剰となった米軍装備について、両国間で譲渡または購入の協議をすることができる。

第6条　安全

第1項　フィリピン国内における米軍、米契約者の安全のため、両国は必要な措置を講ずるよう協力する。

第2項　「合意された場所」における安全に関しては主としてフィリピンが責任を持つ。

第3項　「合意された場所」内において米国は、防衛上の運営管理に必要な権利を行使する権限を持つ。また、米軍や米契約者を保護するため、適切なフィリピン当局と調整の上、必要な措置をとることができる。

第4項　米国の所有物が米国の同意なく他の者に奪われたり、使われたりしないよう両国は安全と保護のための措置を講じる。

第7条　公共事業と通信

第1項　フィリピンは米軍と米契約者が水道、電力など公共事業を利用することを認めるが、その料金はフィリピンの国軍や政府が支払っている税金抜きのレートと同じとなる。これは米軍や米契約者とフィリピン政府とを同等に扱う措置である。

第2項　両国は米軍が無線周波数帯を必要としていることを認識する。フィリピンは米国に対し（国際電気通信連合＝ＩＴＵの1992年の憲章会議に従い）独自の通信システムの利用を認めている。米軍の場合も割り当てられた無線周波数帯を必要に応じて使い、無線システムを確保する権利があることを認める。ＩＴＵの決定に従い、割り当てられた周波数帯を米軍は無料で使い通信システムを運営することができる。

第8条　契約手続き

第1項、米軍は備品、物資、装備、サービス（建設を含む）について、フィリピン国内において制限なく、契約者を選ぶことができる。そのような契約は米国内法に従って行われる。

第2項　米国内法上問題がない限り、米軍はフィリピン製品やサービスを最大限利用するように努める。

第9条　環境、人間の健康・安全

第1項　両国は合意された活動において環境保全と人間の健康・安全への配慮の重要性を認識する。自然環境と人間の健康・安全への配慮は事後対処的でなく予防的でなければならない。もし、自然環境や人間の健康・安全に関わる問題が生じた時は、両国は速やかに防止策を講じるために協力する。

第2項　米国はフィリピンに関し、環境、健康、安全に関する規制を確認し、その政策の基準とする。フィリピンも自国の規制や政策に関して米軍人や米契約者に配慮して適用することを確認する。両国は適宜、「合意された場所」における環境や健康

第9条　米軍にフィリピンの環境保全に十分留意することを詳細に定めている。日米地位協定にはこういった項目はない。

保護に関し、有能な専門家同士が協議できるよう協力する。環境保全の基準は米国、フィリピン国際基準のいずれかのうち、最も厳しい基準を適用する。両国は定期的な会合を通じ、環境問題を協議し、フィリピンの規制が守られているかどうかを確認する。

第3項　米軍は自分たちが生み出した有害物質や有害ごみを投棄してはならない。もし、有害物質が流出した場合は、それを回収し環境汚染から守るための措置を速やかに講じなければならない。

第10条　実施

第1項　この合意に基づくすべての責務は、この合意の目的に対する適切な資金が利用可能になった後とする。

第2項　その後、両国または両国の指定された決定機関は、この合意に基づく「合意された場所」に展開できる。合意の実施開始日は指定された決定機関同士で決め、その決定の署名日とする。

第3項　合意の実施にあたって指定された決定機関は「合意された場所」に駐留する米軍に関してや、「合意された場所」における米軍とフィリピン国軍との関係について、細則を加えることができる。

第4項　この合意の実施をめぐって両国あるいは指定された決定機関は、定期的に会合を開く。

第11条　紛争解決
　この合意をめぐり、両国間に紛争が持ち上がった際は両国間で解決する。この合意をめぐる紛争は両国が合意しない限り、第三国や国際的な裁判所・法廷に持ち込むことはしない。

第12条　発効、改正、期間、終了
　第1項　この合意の発効は、国内的に必要な手続きを終え、外交ルートを通じて両国が最終的な文書を交わした日とする。
　第2項　付属文書を含むこの合意の改正は、両国の書面での合意をもって行われる。改正合意の発効日は第1項に従う。
　第3項　付属文書を含む全体がこの合意を構成する。
　第4項　合意は10年間を有効期間とする。その後、両国のどちらかが破棄を通告しない限り、自動的に延長される。破棄通告から実際の破棄までは1年間を要する。

2014年4月28日
比側署名者　ボルテル・ガズミン（国防相）
米側署名者　フィリップ・ゴールバーグ（駐比大使）

訳・解説　日刊まにら新聞 石山永一郎（いしやま・えいいちろう）
1957 年生まれ。82 年、共同通信社入社。マニラ支局長、編集委員などを歴任後、2017 年からフィリピンで発行の邦字紙「日刊まにら新聞」編集長。著書に「フィリピン出稼ぎ労働者」（柘植書房新社）、「マニラ発ニッポン物語」（共同通信社）、「彼らは戦場に行った」（共同通信社）、「日めくり日米開戦と終戦」（文芸春秋社）。共著に「ラパーン事件の告発　一戦ったフィリピン女性たち」（柘植書房新社）「日米地位協定入門」（創元社）など。

日本語で読む フィリピン憲法
The Constitution of the Republic of the Philippines in Japanese

2021 年 3 月 30 日　初版第 1 刷発行　定価 2,000 円＋税

著者・訳者　石山永一郎
装丁・組版　中西晴江・市村繁和（i-Media）
発　行　柘植《つげ》書房新社
〒 113-0001　東京都文京区白山 1-2-10-102
TEL03（3818）9270　FAX03（3818）9274
https://www.tsugeshobo.com
郵便振替 00160-4-113372
印刷・製本　創栄図書印刷株式会社

乱丁・落丁はお取り替えいたします。ISBN978-4-8068-0747-6　C0032

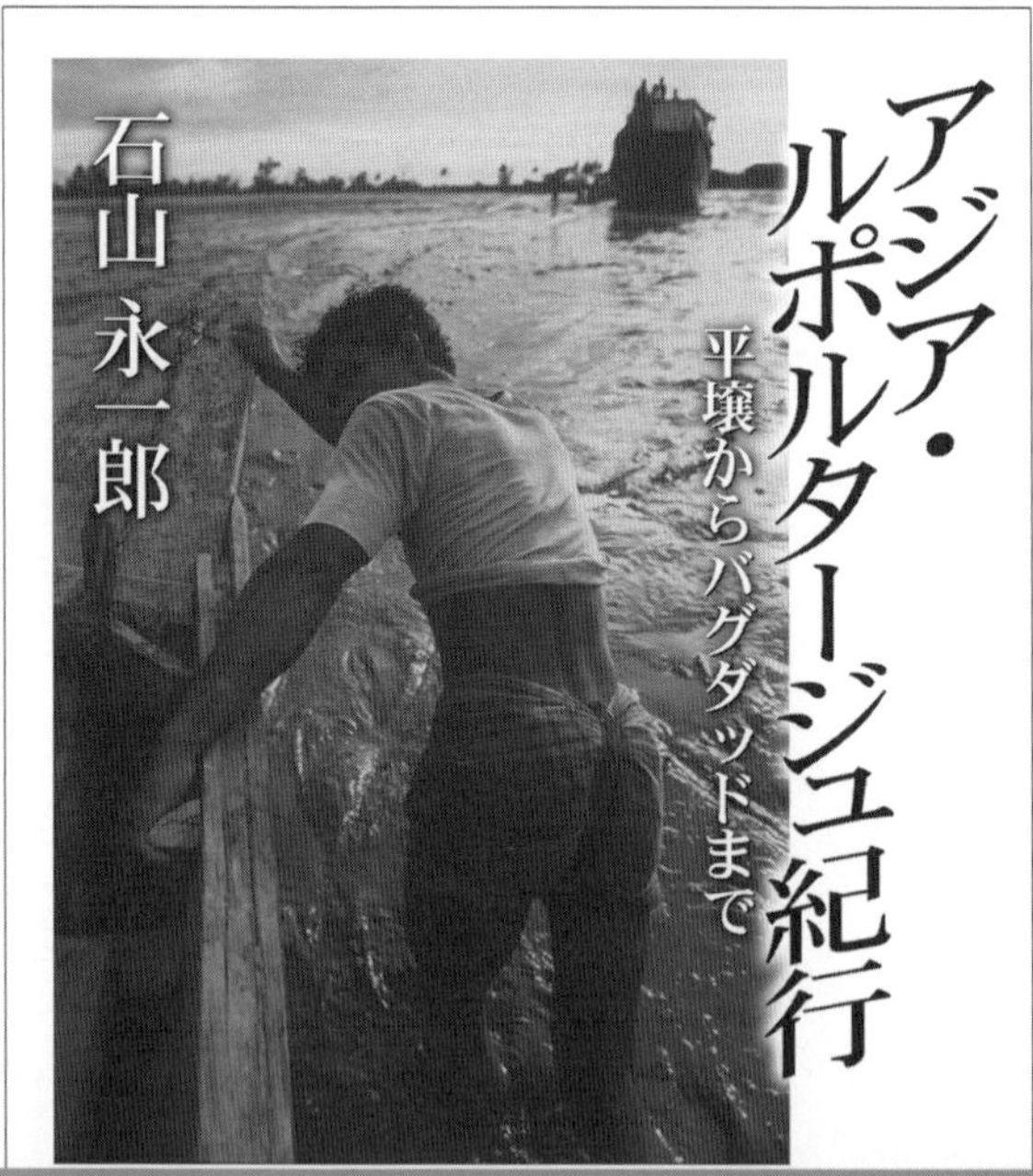

アジアの裏町から島々までをさまよい、泥の海を歩き、戦火を駆け抜けた渾身のルポルタージュ集。

時空を超えた幻想の旅路として描く新機軸のアジア紀行――

アジア・ルポルタージュ紀行

平壌からバグダッドまで

石山永一郎著／定価 1800 円 + 税

ISBN978-4-8068-0658-5 C0030

日の丸が島々を席巻した日々

フィリピン人の記憶と省察

レナト・コンスタンティーノ 編
水藤 眞樹太 訳
柘植書房新社

日の丸が島々を席巻した日々
フィリピン人の記憶と省察
レナト・コンスタンティーノ編／水藤眞樹太訳
定価 1800 円 + 税
ISBN978-4-8068-0658-5 C0030